중세,
사랑과 매혹의 노래

중세,
사랑과 매혹의 노래

미셸 쟁크

김준현 옮김

KU PRESS
고려대학교
출판문화원

한국어판 서문[1]

번역자 김준현 교수의 역량과 후의에 힘입어 이제 한국어로 옮겨져 나오게 된 이 작은 책이, 프랑스 독자들에게 원한 것처럼, 한국의 독자들에게도 중세에 온 것을 환영하는 것이 되기를 나는 바란다. 그러나 이러한 환영의 마음이 두 독자들에게 완전히 동일한 의미를 갖는 것은 아니다.

프랑스의 경우, 중세, 다시 말해 로마 제국의 몰락부터 르네상스까지 펼쳐진 천 년의 세월은 종종 무지와 잔혹함으로 얼룩진 어둡고 난폭한 시대로 간주되곤 한다. 따라서 중세에 온 것을 환영해 마지않는다는 것은 일면 역설처럼 들린다. 그런데 유럽 문명이 아닌 다른 문명권에 속한 독자들은 이와 같은 편견을 갖고 있지 않다. 내가 다른 문명권의 독자들에게 건네는 환영의 초대는 그들을 놀라게 하거나 충격에 빠뜨리지 않을 것이다. 이들은 망설임 없이 또 책을 읽는 데 어울리는 천진무구한 정신을 가지고, 내가 이들에게 소개하기를 바라는 오래된 또 머나먼 시에 다가갈 수 있다.

이는 여기서 중요한 것이 다름 아닌 시와 문학이기 때문이다. 고(古)프랑스어를 더 이상 이해하지 못하기 때문에 또 라틴어는 잊혀졌기에, 심지어 프랑스에서도 별로 알려지지 않은 어떤 문학. 이 문학은 독창적인 문학이다. 이 문학은 태어나 형성되기 시작한 언어를 사용하기 때문에, 또 새로운 형태의 시들을 만들어내기 때문에 독창적이다. 라틴어를 사용하던 세계 밖에서, 켈트 전설과 신화 혹은 게르만 전설과 신화들을 원천으로 끌어오면서, 라틴어로 쓴 문학을 모방하고자 하기에 독창적이다. 사랑을 새롭게 구상하고 표현하는 것을 찾아내기에 독창적이다. 마지막으로 당시 유럽의 종교로 인정되던 기독교에 의해 빚어지기에 독창적이다.

이 책은 짧은 분량의 여러 장(章)들로 구성되었다. 왜냐하면 이 장들이 원래부터 무척 짧은 라디오 방송, 매우 광범위한 청취자들이 듣는 채널에서 2014년 여름 내내 매일 방송되었던 것이기 때문이다. 바로 이런 이유에서 이야기는 단순하며, 중세뿐만 아니라 프랑스 문학에 대해 일체의 사전 지식이 없는 이들도 이해할 수 있는 것이다. 다만 이야기는 단순했지만, 평면적인 것이 되지 않도록 노력했다. 나는 이 시의 미묘함, 그 깊이, —그리고 서로의 문화적 지평과 상관없이— 지극히 멀리에서 온 것이면서도 우리에게 중세 시를 친근하게 만드는 모든 것을 느끼고 이해하게 하는 데 주의를 기울였다.

미셸 쟁크

서문

오솔길 굽이를 돌면 일어나는 모험. 방학을 보냈던 숲과 혼동하는 어떤 중세에서, 어린 아이가 찾으려 하는 것이 바로 이런 모험이다: 이야기들의 신비로움, 요정 세계가 주는 매혹, 기사도의 고결한 광채. 후일, 이제는 무척 익숙해진 숲 속에서, 오솔길의 다음 모퉁이가 보여주게 될 것을 기대하는 데 더는 그 마음 뛰지 않는 나이가 되면, 중세 시가 또 다른 모험 하나를 그에게 내보이며, 거기서 그는 제 삶과 가까우면서도 동시에 먼 울림 하나를 뒤쫓게 된다. 첫사랑의 고통들, 그는 경의와 두려움, 그리고 욕망으로 온통 떨고 있는 트루바두르들의 시들 속에서 이 고통들을 맛본다. 그의 경건한 두려움들, 그는 이 두려움들을 장중하고 대담한 중세의 신앙과 마주보게 한다.

중세 문학이 아무런 어려움 없이 그에게 전해지는 것은 아니다. 중세 문학의 언어들을 이해해야만 한다: 지금 우리가 사용하는 말과 그렇게도 멀어져 거의 낯선 언어에 다름 아니게 된 프랑스어, 남프랑스의 오크어, 다른 로망어들과 게르만어들, 라틴어. 중세 문학은 우리가 그들에게 관해 별로 아는 것이 없는, 또 빈번한 경우 불확실하게 알고 있는 작가들의 작품이다. 중세 문학은 여러 필사본들을 통해 우리에게 전해진다. 그러나 필사본들은 때때로 불완전하며, 한 필사본에서 다른 필사본으로 옮겨지면서 여러 이형(異形)들을 내놓는 만큼, 이형들에 대한 설명이 필수불가결하며 때때로 이형들 가운데 하나를 선택해야만 한다.

그런데 다른 무엇보다도 유의할 사실은, 중세 문학이 지나간 한 세계에서 우리에게 온 것이라는 점이다. 여러 이야기들에서처럼, 모든 것이 손을 내밀면 닿을 듯 보이지만, 손에 잡히는 것은 아무것도 없다. 우리가 지나간 세계를 잡을 수 있다고 믿는 순간, 모든 것이 멀어진다. 중세가 표현하는 것 가운데 어떤 것도, 우리가 중세에 대해 이해했다고 믿는 어떤 것도, 그 안에서 우리를 감동시키거나 우리를 물러서게 하는 어떤 것도, 의심과 확인, 그리고 검증에서 벗어날 수 없다. 중세 문학은 우리가 생각했던 것을 말하려고 한 것이 아니며, 처음 읽었을 때 우리에게 감동을 주는 그 대목에 주의를 기울인 것도 아니다. 중세 문학은 우리가 파악할 수 없는 숱한 암시들로 가득하다.

하지만, 중세 문학이 우리에게서 진정 멀어졌을 때, 중세 문학이 지극히 낯설다고 우리가 여기는 그 순간, 그때야말로, 아주 가까이에 있는 중세 문학을 새롭게 발견하는 계기가 이루어진다. 우리가 쓰는 말 그리고 우리가 살아가는 세상의 젊은 시절처럼, 마음을 움직이게 하고 싱그러운 중세 문학을 말이다. 우리가 중세 문학을 보다 정확하게 해독하면 할수록, 중세 문학을 한층 더 즐기게 된다. 그도 그럴 것이 중세 문학을 이해하고 알게 되는 데서 오는 즐거움이, 중세 문학이 자연스럽게 불러일으키는 즐거움을 깨뜨리는 것은 아니기 때문이다. 아니 전자는 후자를 더 크게 만들어준다. 영웅 판타지(Heroic fantasy), 영화들, 텔레비전 시리즈물들, 어느 영국 학교의 고딕 첨탑들 아래에서 펼쳐지는 해리 포터(Harry Potter)와 근대 과학 이전의 마법의 세계에 이르기까지, 이 모든 것들이 중세의 색조를 띤 어떤 세계로 우리를 이끌고 갈 수 있으며, 그곳에서 우리는 즐거이 현실을 벗어난다. 그런데 이러한 것들이 동원하는 강력한 요소들이, 우리 안에서 울리는 어느 오래된 시를 정확하게 이해하고 또 동시에 무궁무진하게 느끼는 기쁨보다 더 생생한 즐거움을 만들 수 있을까?

중세의 여러 시와 이야기가 안겨주는 기쁨을, 이를 이해하는 이들에게 조금이나마 전해주는 것, 이것이 2014년 여름 동안 라디오 프랑스의 종합 채널 프랑스 앵테르(France Inter)에서 매일 방송되었던 문학 코너에서 내가 소망했던 것이다.[1] 이렇듯 이 방송들은 한 권의 책으로 묶이기 전에 먼저 목소리를 통해 전해졌으니, 중세의 경우 사람들이 여러 노래들과 이야기들을 큰 소리로 노래하거나 낭독하곤 한 연후 필사본들 안에 이를 옮겨 적었던 것과 다르지 않았다. 중세 사람들은, 실제로, 상당한 분량을 연이어 노래하고 낭독하곤 했다. 내 경우, 각 방송 분량은 3분 30초 정도였다. 과거, 사람들은 이처럼 서두르지 않았다. 왜냐하면 삶은 더 짧았지만, 시간은 더 길었으니 말이다.

차례

1

왜 중세인가?

환영한다, 중세에 온 것을! 그렇지만 이 가여운 중세는 평판이 좋지 않다. 사람들은 "우리는 더 이상 중세에 있는 것이 아니다!"라고 반색하며 말하곤 한다. 어떤 정치 체제 혹은 사법 제도를 중세적이라 규정하는 것이 찬사일 경우는 별로 없다. 하지만 중세를 시의 눈으로 바라보면 모든 것이 바뀐다. 성들과 숲들, 공주들, 기사들, 괴물들, 경이와 모험들은 오늘날에도 여전히 우리의 상상계를 풍요롭게 만든다. 아이들의 상상계가 월트 디즈니(Walt Disney)와 더불어, 청소년들 그리고 그들의 역할 수행 게임(Role Playing Game)에서의 상상계가 톨킨(Tolkien)과 그의 호빗(Hobbit), 루이스(C. S. Lewis)와 나니아(Narnia)라는 세계의 그것에서 자양분을 얻듯 말이다. 트루바두르의 말들 혹은 궁정풍 사랑의 말들은 여전히 꿈을 꾸게 만든다. 롱스보(Roncevaux) 계곡의 롤랑(Roland)도 트리스탕(Tristan)과 이죄(Iseut)도 잊혀지지 않았다. 그랄(성배, 聖杯)은 그 신비를 조금도 잃지 않았다. 또 원탁의 기사들은 우리에게 어찌나 친숙한지, 텔레비전 시리즈물인 〈카믈롯〉(Kaamelott)에서,[1] 그들이 보통 프랑스 사람들처럼 말할 때 우리를 웃게 만든다.

그렇기에 내가 여러분들의 방문을 환영하는 중세는, 바로 시들, 이야기들, 노래들, 전설들의 중세이며, 우리가 여전히 잘 알지 못한 채 영위하는 중세이다.

중세: 왜 이런 이름을 붙였을까? 매개가 되는 하나의 중간 시대. 이미 16세기 말부터 사람들은, 흔히들 이야기하기를, "로마 제국의 몰락에서 문예 부흥까지"를 점하는 시기, 다시 말해 고대 그리스·로마와 후일 이를 재발견하고 다시 소생시켰음을 자랑했던 르네상스를 분리시키는 시기를 이렇게 지칭하곤 했다. 이러한 역사적 시기 구분을 정했던 기준들은, "문예 부흥"(renaissance des lettres)이라는 표현이 보여주듯, 정치적인 기준(로마 제국의 몰락에서 콘스탄티노플의 함락까지)이 아니라, 어떤 쇠퇴를 경험했을 이들이 가졌던 문학의, 시의, 정신의 삶의 기준이었다.

중세에 대한 정의는 논쟁의 여지가 많았다. 중세는 고대 문학을 전혀 망각에 빠뜨리지 않았다. 그 증거가 되는 것이, 바로 고대 문학을 보존해 우리에게 전해준 것이 다름 아닌 중세라는 점이다. 중세에 옮겨 적은 필사본들이 없었던들, 고대 문학은 요컨대 결코 우리에게까지 이르지 못했을 것이다. 중세는 고대의 전범(典範)을 열렬히 따르고자 했으며, 고전 라틴 문학을 모방하는 것을 그친 적이 없었다. 원래의 것과는 매우 다른 결과들에 이른 것도 사실이다. 언어와 문명이 변화를 겪었고, 다른 이야기들, 다른 신화들이 고대 신화에 섞여 들었으며, 특히 새로운 종교인 기독교는 세상에 새로운 눈길을 던졌다.

이러한 차이들을 스스로 십분 헤아리면서도 중세는, 그리스에서 로마로, 이어서 로마에서 프랑스로 (저마다의 시각에 따라, 혹은 영국으로, 혹은 신성로마제국으로) 학문과 권력이 이전되었음을 의미하는, 라틴어로 '힘과 지식의 이동'(translatio imperii et studii)이라 불렸던 역사의 한 흐름에 근거하여, 스스로를 고대 그리스·로마의 계승자로 여겼다. 1170년 무렵, 크레티앵 드 트루아가 자신의 운문 이야기 《클리제스》(*Cligès*),[2] 콘스탄티노플, 즉 그리스 비잔티움 세계와 아서 왕의 궁정을 왕래한—이렇게 말할 수 있다면—인물 클리제스를 주인공으로 삼은 동명(同名)의 책의 프롤로그에서 적고 있는 것이 바로 이와 같다.

> 우리 책들로 알게 되었으니,
> 그리스가 기사도와
> 학문에서 으뜸가는 명성을 누렸음을.
> 이어서 기사도는 로마로 옮겨 갔다,
> 모든 학문의 총체와 더불어.
> 이제 [학문과 기사도] 프랑스로 건너왔다네.
> 신께서 이 모든 것 여기 머물게 하시어,
> 이 곳이 기꺼운 곳 되게 하기를,
> 결코 프랑스를 벗어나지 않게 하시어
> 이 곳에 영광이 멈춰 머무르도록.[3]

이때가 12세기 프랑스였다.

2

〈성녀 욀랄리〉, 가장 오래된 프랑스 시

욀랄리는 더할 나위 없는 처녀였네.
몸매 아름다웠고, 영혼은 더 아름다웠네.
신의 적들은 그녀를 꺾으려 했네,
그들은 만들려 했다네, 그녀가 악마들을 섬기도록…[1]

열다섯 줄 정도의 투박한 시행 안에 성녀 욀랄리의 순교를 이야기하는 〈성녀 욀랄리 연송(延頌)〉(Séquence de sainte Eulalie)은, 필경 걸작은 아니겠지만, 현존하는 가장 오래된 프랑스 시이다. 이 시는 881년 혹은 882년에 씌어졌다.[2]

가장 오래된 프랑스 시, 이 말은 무슨 뜻일까? 그 전에는 무엇이 있었을까?

모든 언어들이 그렇듯, 프랑스어는 끊임없는 변화를 거쳤을 뿐만 아니라(우리는 눈앞에서 변화하는 프랑스어를 보고 있으며, 또 어찌나 빨리 진행되는지 젊은이들의 프랑스어는 더 이상 어른들의 그것과 같지 않다), 모든 언어들과 마찬가지로, 프랑스어 또한 변화 속에서 태어났다. 라틴어는 유럽 남부 전역을 차지했던 로마 제국의 언어였다. 하지만 구어 라틴어는 점차 공식 라틴어(고전 라틴어)에서 멀어져 차이를 보이게 되었고, 지역 특유의 발음, 새롭게 도래한 게르만족 등의 영향을 받아 지역별로 차별화되기에 이른다. 8세기 말 혹은 9세기 초에 오면, 이렇듯 상이한 형태의 구어 라틴어를 사용하던 이들이 더 이상 식자(識者) 라틴어를 이해하지 못하는 순간이 도래하게 된다. 그들이 사용하던 라틴어는 그 결과 다른 하나의 언어, 새로운 언어가 되었다. 근대 유럽의 로망어 또는 라틴어에서 파생된 언어(langues dites romanes ou néolatines)라 불리는 언어들, 즉 이탈리아 및 이베리아 반도의 언어들, 프랑스어(오일어), 오크어, 그리고 관련된 기타 제반 방언들은 이렇게 탄생했다.

하지만 우리가 이러한 새로운 언어들을 알게 되는 것은, 이 언어들이 글로 기록되는 때가 되어야 비로소 가능한 일이었다. 그런데 글을 적을 수 있는 이들은 성직 교육을 받은 사람들, 다시 말해 성직자들뿐이었다. 그들은 학식을 갖춘 식자(識者)들이었고, 그들의 언어는 라틴어였다. 교양 없는 미개한 민중들의 볼품없는 방언을 적는 데 과연 그들이 자신들의 기예를 사용하려 했을까? 그들은 그렇게 하는 데 신경쓰지 않았다. 아니 오히려, 모든 사람들에게 그들의 입장을 이해시켜야만 하는 복음전도가 필요할 경우에만 그렇게 하는 데 주의를 기울였을 것이라고 말하는 것이 적절하다. 샤를마뉴(Charlemagne)의 죽음 한 해 전인 813년, 투르(Tours)에서 개최된 공의회는 평민들의 언어인 "세련되지 못한 언어인 로망어 또는 튜튼어로"(in rusticam linguam romanam aut thiotiscam), 달리 말한다면 프랑스어 혹은 독일어로 설교할 것을 명한다. 새로운 언어들로 작성된 현존하는 가장 오래된 텍스트들이 종교적인 것은 바로 이런 이유에 기인한다. 종교적인 텍스트들이 성직자들이 기록했던 유일한 것이었다. 그러나 이 말이 다른 성격의 시들이 전무(全無)했다는 것을 의미하는 것은 아니며, 일례로 간접적인 증거를 찾아볼 수 있는 사랑 노래들이 있었다.

〈성녀 윌랄리 연송〉은,—'뒤따르다'(suivre)를 의미하는 라틴어 'sequor'에서 온 'séquence'는 알렐루야(alleluia)의 기쁨의 찬미 다음에 이어지며,[3] 동일한 곡조로 노래되었다—수록된 필사본에서 당연히 라틴어로 기술된 성녀를 위한 미사 및 성녀의 영광을 기리는 역시 라틴어로 된 다른 시와 연계된 것이었다. 프랑스어로 된 시는 신자들에게 그들이 이해할 수 있는 언어로 해당 축일의 성대함에 깃든 의미를 설명하기 위한 것이었다.

프랑스 북부에서 필사된 이 필사본의 주된 내용은 라틴어로 기술되었다. 여기에는 프랑스어로 된 이 시와 독일어로 된 또 다른 한 편의 시가 수록되어 있다. 식자어인 라틴어는 게다가 국제어이자 상용어였다. 여러 지역어(langues locales)들이 서로 조우했고, 어렵지 않게 뒤섞이곤 했다. 유럽은 단일 세계(une réalité)였다.

이때가 9세기였다.

3

하나의 비유에 대한 두 언어

여러 학교에서 작성된 몇몇 라틴어 희극 작품들을 제외한다면, 중세는 고대 연극을 전범으로 삼아 모방하지 않았다. 고대 도시의 종교적이면서도 시민적인 공간은 이미 사라졌고, 그와 더불어 이 공간과 불가분의 관계를 맺던 비극 또한 사라졌다. 새로운 종교인 기독교는, 비극적인 운명의 그것과는 다른 표현 방식으로, 의식과 양심의 논쟁들을 다루었다.

그러나 흔히 말하듯, '그레고리오 성가로'(en grégorien)[1] 노래되던 수도원의 예식들과 미사 전례에는 무엇인가 극적인 것들이 있다. 성인들의 생애, 그리스도가 행한 비유들, 예수의 삶에서 길어온 몇몇 일화들은 이러한 틀 안에서 여러 상연들의 밑그림이 되기에 알맞은 것들이었다. 오늘날에도, 예수수난 성지주일(聖枝主日) 때, 그리스도의 수난을 세 사람의 목소리로 낭독하는 것이 남아 있다.[2] 이렇듯 중세 연극은, 우리가 전례극(drame liturgique)이라 칭하는 이야기되고 노래로 불리는 형태로 태동되었다. 10세기부터, 빠르게 태동된 하나의 연극 장르는, 중세 말기의 대규모 종교극(성사극[聖事劇], mystères)이 올 때까지 늦게 또 소박하게 발전되게 된다.

물론, 전례극들은 라틴어로 기술된 것이었다. 하지만 제작 시기가 11세기로 거슬러 올라가는 플뢰리(Fleury) 수도원의—오늘날의 생-브누아-쉬르-루아르(Saint-Benoît-sur-Loire)—어느 필사본에는, 프랑스어로 쓰인 몇몇 시구가 나타나는 전례극이 하나 발견된다. 〈신랑〉(Sponsus)이라는 제명이 붙은 이 필사본에서는 어리석은 처녀들과 슬기로운 처녀들에 대한 복음서의 비유가 제시된다.[3] 혼례날, 열 처녀가 밤에 등을 들고 신랑의 도착을 기다린다. 그 가운데 다섯은 등에 넣을 여분의 기름을 가지고 왔고, 다섯은 그렇게 하는 데 신경을 쓰지 않았다. 신랑의 도착이 늦어지자 모두들 잠이 들었다. 마침내 신랑이 당도했음이 알려졌을 때, 태만한 처녀들에게는 등에 넣을 기름이 더는 없었다. 이들이 기름을 사러 간 동안, 신랑은 연회장에 들어갔고, 사려깊은 처녀들은 그의 뒤를 따랐다. 문들은 닫혔고, 더는 열리지 않아, 어리석은 처녀들은 되돌아왔을 때 들어갈 수 없었다.

"그러니 깨어 있어라. 너희는 그 날과 그 시간을 모르니": 이 비유의 결론은 이러했다.[4] 또한 이것이 이 비유의 직접적인 교훈이었다. 하지만 잠들었다는 점이 어리석은 처녀들의 잘못인 것은 아니다. 왜냐하면 슬기로운 처녀들도 어리석은 처녀들과 마찬가지로 잠들었기 때문이다. 신학자들이 복잡한 성서 주해에 의거해 말하는 어리석은 처녀들의 잘못은, 그들이 애덕(愛德)의 기름을 소홀히 했다는 점에 있다.

〈신랑〉은 이렇듯 복잡한 성서 주해를, 오직 수도사들과 성직자들만이 이해할 수 있는, 라틴어로 기술되는 대화 안에서 설명한다. 상연을 관람하는 속인들은 라틴어를 알지 못했다. 그들은, 몇몇 프랑스어로 된 구절만을 알아들을 수 있을 따름이었고, 마치 후렴구처럼 되풀이되는 어리석은 처녀들의 탄식을 통해, 이 비유의 기본적이면서도 즉각적인 교훈을 파악할 수 있었다.

가엾고 불쌍하여라,
우리 지나치게 잠들었구나![5]

라고 어리석은 처녀들은 한탄한다.

가엾고 불쌍하여라,

그대들 지나치게 잠들었구나![6]

라는 대답이 어리석은 처녀들의 귀에 들려온다.

박자를 맞춰 동일한 어조로 읊조리는 반복은 주님을 기다리며 늘 깨어 있어야 한다는 긴급함을 정신과 마음에 새기게 한다. 이 극작품은, 비록 겉보기에는 매우 투박해 보이지만, 두 부류의 청중들에게 감동을 주기 위해 상당히 정교하게 구성된 것이다. 라틴어로 된 긴 독백과 논증은 식자들을 위한 것이었다. 평민들에게는, 그들이 알아들을 수 있는 말로, 기본적인 가르침과 반복 및 반향이 만드는 어떤 시적 효과가 전달되었다.

이때가 11세기였다.

4

아랍을 거쳐, 잃어버린 어떤 시를 찾아서

젊은 로망어 안에서 새로 태어난 시들 가운데 극소수의 종교적인 시들이 있다는 것을 아는 데서 멈춰야만 할까? 사랑 노래들이 분명 존재했음에 틀림없다. 어느 민족이 사랑 노래를 갖지 않았을 것인가! 실제로, 교회가 "외설적이고 수치스럽다"고 단죄했던 '젊은 처녀들의 노래'(cantica puellarum)가 분명 존재했다. 826년 로마에서 열렸던 어느 공의회는 격분한다: 'Sunt quidam, et maxime mulieres…': "성스러운 축제일에, 낯을 붉히게 하는 가사의 노래들을 부르며 춤을 추는 이들, 특히 여인들이 있다…"[1] 9세기 중반 무렵, 교황 레오 4세는 '교회 및 광장에서 여인들이 노래를 부르고 원무(圓舞)를 추는 것'을 금지하도록 성직자들에게 명한다.

사랑 노래들과 춤곡들은 여성들의 노래였다. 아득한 어

느 고대 이래, 지중해 연안 전역에는 여성들의 것으로 여겨지는, 여성들의 입을 통해 나오는 사랑에 관한 시의 전통 하나가, 또 사랑의 감정에 대한 표현을 주로 여성들과 관련짓는 경향 하나가 존재했다. 베르길리우스(Publius Vergilius Maro)의 서사시《아이네이스》(*Aineis*)에서, 디도(Dido)는 아이네이아스에 대한 사랑으로 인해 스스로 목숨을 끊지만, 아이네이아스는 여러 신들이 그에게 약속한 영광스러운 운명을 위해, 별로 고민하지 않고 디도를 포기한다.

다시 중세로 돌아와 이야기하자면, 여성들의 노래와 관련된 전통이 교회의 격노한 단죄들을 통해서만 우리에게 알려진 것은 아니다. 로망어로 기술된 현존하는 가장 오래된 서정시의 단편들은 여성들의 노래의 일부분이다. 그런데 이 단편들은 한 가지 기이한 우회적 방법을 통해 우리에게 전해졌다. 에스파냐의 아랍 및 유대인 시인들은, 일종의 종결점인 '하르차'(khardja)로 끝을 맺는,[2] '무왓샤하트'(muwwashah)[3] 혹은 '자잘'(zadjal)[4]이라 불리는 하나의 시 형식을 사용했다. 이러한 '하르차'들의 상당수는 오랫동안 그 의미를 파악하지 못한 상태로 남아 있었다. 그도 그럴 것이 시의 나머지 부분들처럼, '하르차' 또한 아랍어나 히브리어로 된 것이라 여겨왔기 때문이다. 그러던 중에 하르차가 로망어, 즉 옛 에스파냐어라는 사실이 알려지게 되었다. '하르차'는 모자랍(mozarabe) 시, 다시 말해 정복당하고 지배를 받았던 토박이 이베리아인(에스파냐) 기독교도들의 시에서 차용된 것이었다. 그때까지도 '하르차'를 이해하는 데는 많은 어려움이 있었다. 왜냐하면 '하르차'는 다른 예들을 전혀 찾을 수 없을 만큼 매우 오래된 언어 상태를 보여주었고, 해당 언어에 잘못 적용된 어떤 알파벳을 사용해 음성 전사(轉寫)된 것이있기 때문이다. 하지만 '하르차'가 해독되기에 이르렀을 때, 모든 하르차가 여성의 노래들임을 확인할 수 있었다. '하르차'는, 거의 대부분, 매우 단순하게 한두 줄의 시행이며, 사랑하는 연인으로 인해 괴로워하는 어느 젊은 처녀의 우수어린, 조심스럽고 관능적인 한탄이 담겨져 있다. 안달루시아의 아랍 궁정 시인들은 이러한 인용 효과, 이와 같은 시적·언어적 단절을 재기넘치는 것으로 여겼다. 그들의 뛰어나면서도 정교한 시를 끝맺는 '하르차'는, 여러 시대들의 깊숙한 곳에서 온, 또 영혼의 깊은 곳에서 온, 소박한 이들과 정복된 자들의 언어가 갖는 그것, 다듬어지지 않은 어느 시가 갖는 그것, 자신의 목소리를 들려주는 무지하고 사랑에 마음 졸이는 젊은 처녀의 그것, 변함없는 소박함의 단장(斷章)처럼 초보적인 것으로 보여야만 했다.

오 갈색 머리 그대여, 오 두 눈의 즐거움이여!
누가 그대 없음을 견딜 수 있을까, 내 연인아?[5]

무엇을 해야만 할까요, 오 어머니,
내 연인이 문을 두드릴 때에?[6]

이제 부활절이 되었네
그런데 내게는 그이 없네,
그런데 내게는 그이 없네,
아픈 이 마음.[7]

그는 부활절에 다시 올 것이라 했지만, 돌아오지 않는다. 이것이 여러분들에게 무엇을 떠올리게 하는가? 〈말브루는 전장으로 갔네〉(Malbrough s'en va-t-en guerre)는 18세기의 어느 노래이지만,[8] 지극히 장구한, 시만큼이나 오래된, 어떤 전통을 계승한 노래이기도 하다. 왜냐하면 이는 하염없이 수동적으로 전사(戰士)의 귀환을 기다리도록 운명지어진 여성의 노래, 가슴 아파하는 버림받은 어느 여성적인 목소리의 노래이기 때문이다.

이때가 벌써 10세기였다.

5

여성들의 노래

사랑을 이야기하는 여성들의 목소리를 중세 내내 들을 수 있었지만, 그 목소리는 종종 단조(短調)이자 부차적인 장르를 통해서였다. 여성들의 목소리는 주류의 귀족적인 시를 벗어난 노래들과 대중적인 것처럼 보이는 어떤 흐름에서 들리곤 했다.

여성들의 노래는 종종 춤곡이었다. "이른 아침 아리따운 아엘리스가 일어났네"("De bon matin s'est levée la bien faite Aélis") 라는 선창자의 노래에 춤추는 이들의 합창이 이어진다: "이곳을 지나네, 갈색 머리 잘생긴 로뱅"("Par ici passe le brun, le beau Robin...").[1]

순진하면서도 사랑의 감정에 솔직한 한 여인이 후렴구에서 이렇게 노래한다.

내 작은 가슴, 나를 아프게 하네
새 애인을 얻어야 하리.[2]

때로는 어느 정도의 사디즘이 도발적인 말과 섞이기도 한다:

감내해요, 여보, 고통스러워하지 말아요
당신은 내일 나를 갖게 될 거에요, 오늘은 내 애인.
한마디도 하지 말아요, 그에 대해 이야기하는 것은 금해요
고통을 견뎌요, 여보, 가만히 있어요
밤은 짧아요, 여보, 당신은 아침에 나를 가질 수 있어요
내 애인이 즐거움을 만끽하고 나면 말이에요
고통을 견뎌요 여보
당신은 나를 내일 갖게 될 거에요, 내 애인이 오늘 밤이구요.[3]

그러나 가장 빈번히 노래되는 것은, 아침에 연인과의 괴로운 이별을 노래하는 저 '여명의 노래'(chanson d'aube)에서처럼, 여성의 목소리로 표출되는 무겁고도 고통스러운 관능적 감성이다. 이 여명의 노래는 오크어로 지어진 것이다.

어느 정원 안, 산사나무 잎새 아래
귀부인이 제 곁의 애인을 꼭 껴안고 있었네
파수꾼이 새벽이 왔음을 외칠 때까지
오 신이여, 오 신이여, 여명이라! 어찌 이리 빨리 오는가!

부디 신께 청하노니, 이 밤 결코 끝나지 않기를,
또 내 애인 내 곁에서 멀어지지 않기를,
또 파수꾼이 햇살도 새벽도 보지 않기를!
오 신이여, 오 신이여, 여명이라! 어찌 이리 빨리 오는가!

아름답고 다정한 애인아, 우리 입 맞춰요, 그대와 나,
작은 새들 노래하는 저 풀밭 깊숙한 곳에서,
질투하는 이 내버려두고 그렇게 해요
오 신이여, 오 신이여, 여명이라! 어찌 이리 빨리 오는가!

아름답고 다정한 애인아, 우리 새로 즐겨요
새들이 노래하는 정원에서,
파수꾼이 갈피리를 불 때까지.
오 신이여, 오 신이여, 여명이라! 어찌 이리 빨리 오는가![4]

이러한 여성의 목소리는, 흔히 십자군의 노래로 칭해지는, 호전적인 노래들이기보다는 사랑하는 연인과의 이별을 노래했던 노래들 안에서도 울려 퍼졌다.

그는 아름답고 나는 우아하네
신이여, 무엇 때문에 그리 하셨나이까?
우리 서로서로를 원하건만
무엇 때문에 우리를 갈라놓으셨나이까?
[…]
그가 입었던 슈미즈를,
내게 보내, 나 그것을 품에 안을 수 있어,
그를 향한 사랑에 가슴 에는 밤
슈미즈를 곁에 놓고 누워
내 맨살로 꼭 끌어안으니,
내 고통 달래기 위해.[5]

이 마지막 구절의 대담하고도 고통스러운 관능성을 이해하기 위해서는, 젊은 여인이 아무것도 걸치지 않은 맨살로 끌어안은 [속옷인] 슈미즈가 다름 아닌 거친 모직 슈미즈로 거의 고행자가 입던 것과 같으며, 십자군들이 순례의 첫 단계 동안 속죄를 위해 입었던 그것임을 알아둘 필요가 있다.

이 노래는 어느 남성, 음유시인 기요 드 디종(Guiot de Dijon)의 작품으로 여겨진다.[6] 논란의 여지가 있는 추정이나, 필경 그의 작품이 맞을 것이다. 그런데 상당수의 여성들의 노래는 남성들에 의해 만들어졌다. 여성의 목소리를 지극히 우수 어리고 꾸밈없는 감정과 함께 들려주지만, 실상 포르투갈의 동 디니스(Dom Denis) 왕이나[7] 마르탱 코다스(Martín Codax)의 작품으로, '남성 연인에 대한 노래'(Cantigas d'amigo)[8]라 불리는 저 갈리시아-포르투갈어[9] 노래들처럼 말이다.

요컨대, 최소한 시에서만이라도, 남성과 여성이 때때로 상대방의 입장을, 누가 무엇이라 말하든 간에, 공유할 수 있었다는 점이 다행스럽지 않은가?

이런 경향은, 중세 내내 있었고, 훨씬 이전에도, 또 이후에도 그러했다.

6

“롤랑이 올리팡을 입에 대고”

롤랑(Roland)이 롱스보(Roncevaux) 계곡에서 샤를마뉴(Charlemagne)의 회군을 청하기 위해 뿔피리[角笛]를 분다. 그러나 그것은 헛된 일. 그도 이 사실을 안다. 황제는 너무 늦게 오게 될 것이다. 열두 용장 가운데 그때까지 살아 있던 유일한 이들, 그의 벗 올리비에(Olivier)도 숨을 거둘 것이며, 대주교 튀르팽(Turpin)도 목숨을 잃을 것이다.[1] 황제가 롤랑에게 지휘를 맡겼던 후위 부대 전체가 몰살당했다. 롤랑 자신도 죽어가지만, 이는 그가 입은 상처들로 인한 것이 아니라 자신의 혈관들이 터질 때까지 이 뿔피리를 불도록 스스로에게 과한 데서 온 상처들 때문이다. 그는 최후로 또 홀로 죽음을 맞게 된다. 그러나 승리자로서. 거대한 적군은 패주하며, 롤랑이 오른손을 베어버린 마르실(Marsile) 왕 자신은 사라고사로 돌아와 비참하게 죽고, 샤를마뉴는 되돌아와 원수를 갚을 것이다. 《롤랑의 노래》(*Chanson de Roland*), 무훈시(Chanson de geste)들 가운데 가장 오래되고 가장 아름다운, 11세기 말의 이 시를 들어보자. 무훈시가 어떠한 것인지에 대해서는 보다 뒤에서 설명할 시간이 있을 것이다.

> 롤랑이 올리팡을 입에 대었다,
> 뿔피리를 단단히 입에 대고, 힘을 다해 분다.
> 산들은 높고, 소리는 멀리 전해져,
> 그 울림 삼십 리 떨어진 곳까지 들린다.[2]

또 조금 뒤에 가면,

> 롤랑 경, 간신히 또 가까스로
> 큰 고통을 겪으며, 자신의 뿔피리 올리팡을 분다.
> 입으로는 선혈(鮮血)을 토해내고,
> 뇌의 관자놀이가 터진다.[3]

더 뒤에 가면,

롤랑 경의 입에는 피가 낭자하고,

두개골의 관자놀이는 파열되었다.

고통 속에서 또 가까스로 올리팡을 분다.[4]

롱스보 계곡에서 부는 롤랑의 뿔피리는 프랑스 민족의 상상계가 만들어낸 지극히 강렬한 이미지들 가운데 하나이다. 영웅적인 행위의 표장(標章)이며, 나아가 그 의미가 즉각적인 효용 문제를 넘어서는 어떤 희생의 표장이기도 하다. 모든 것을 잃은 것처럼 보일 때, 심지어 스스로의 생명을 구하는 것을 더 이상 바랄 수 없을 때 이루어진, 결정적인 최후의 분투를 드러내는 어느 표장. 프랑스 자체를 상징하는 하나의 표장, 그만큼 이 상황은 프랑스 역사의 흐름 속에서 빈번히 되풀이되었다.

롤랑의 뿔피리는 역사를 만든 하나의 전설이다. 롤랑의 신원은 불확실한 채로 남아 있고 그의 실존 여부 자체도 불분명하다. 778년 8월 15일 롱스보 계곡에서 실제로 일어났던 사실, 또 우리가 그에 대해 아는 것이 별로 없는 그 사실은 중대한 사건이 아니었다. 3세기 뒤에 만들어진 시, 즉《롤랑의 노래》야말로 중요한 역사적 사건에 다름 아니다. 지나간 역사를 만든 것이 바로 이 작품이며, 샤를마뉴의 전설을 불러일으키면서, 또 여러 세기의 흐름에 따라 국민적 영웅이 될 희생 영웅 한 명을 창조하면서, 앞으로 올 역사에 영향을 주었던 것이 바로 이 작품이다.

젊은 프랑스어로 만들어진 최초의 걸작 시 작품에 담긴 아름다움과 힘이, 간결한 문장들, 급격한 시행들, 일종의 불완전한 각운인 유사 모음 반복(assonance)의 거친 단조로움, 반복들, 거의 후렴구처럼 되풀이되는 'Halt sunt li pui'(산들은 높고…)라는 말, 작품의 울림들 등을 갖고 만들어낼 수 있었던 것이 바로 이와 같다. 출발하는, 그러나 롤랑을 구하기에는 너무 늦은, 군대의 각적들이 롤랑의 뿔피리에 이렇게 화답할 때처럼.

황제는 그들의 뿔피리들을 불게 한다.
프랑스인들 말에서 내려 무장을 갖춘다
[…]
산들은 높고, 어둡고 웅장하다
골짜기는 깊고, 물살은 격렬히 흐른다
뿔피리를 부니, 후위에서, 전위에서,
모두 올리팡 소리에 화답한다.[5]

7

"그리할 이는 가늘롱, 나의 의부"

반역자 가늘롱(Ganelon)으로 인해, 롤랑은 롱스보 계곡에서 숨을 거둔다. 그런데 왜 가늘롱이 반역자가 된 것일까?

《롤랑의 노래》는 한 편의 민족 서사시이지만, 가늘롱의 배반은 다시 꾸며진 가정의 문제이다. 가늘롱은 롤랑의 의부(義父)이며, 롤랑은 샤를마뉴의 조카이다. 가늘롱은 롤랑의 모친의 남편이며, 그녀는 샤를마뉴의 누이이다. 맥락이 파악되는가? 롤랑은 자신의 의부를 좋아하지 않으며, 가늘롱은 자신의 의붓아들에 대해 질투심을 갖고 있다.

《롤랑의 노래》의 시작 대목에서 샤를마뉴는, 도시 사라고사에서 농성(籠城) 중인 사라센 왕 마르실에게 보낼 사자(使者)를 지명하고자 한다. 이는 위험천만한 임무로, 그것은 마르실 왕이 겉과 속이 다른 자임이 잘 알려져 있기 때문이다.

황제는 롤랑을 필두로, 사자가 되기를 자청한 그의 측근들 전부의 청을 물리친다. 그가 총애하는 이들을 위험에 빠뜨릴 수 없었기 때문이다. 그렇다면 누구를 보내야 할까? "그리할 이는 가늘롱, 저의 의부"("Ce sera Ganelon, mon parâtre")라고 롤랑이 말한다.[1] 모두 찬성한다. 롤랑이 그의 소임을 대신할 용의가 있음을 거만하게 밝힌 뒤, 그의 면전에서 노골적인 조소를 터뜨릴 때, 가늘롱의 분노는 배가(倍加)된다.

이 분노는 당연하다. 모두 보는 앞에서, 황제가 조카의 목숨을 가늘롱의 목숨보다 더 중히 여긴다는 점을 롤랑이 넌지시 드러냈기 때문이다. 가늘롱에게 내려진 영예는 일종의 모욕이다. 그는 떠나면서 롤랑에게 복수할 것이라 선언한다.

실제로, 가늘롱은 마르실 왕에게, 샤를마뉴가 프랑스로 돌아갈 때, 롤랑과 열두 용장이 후위 부대가 되게 하겠다고 말한다. 대군(大軍)이 이 소수의 후위 부대를 공격한다면, 그때가 롤랑의 최후가 되리라.

후일 샤를마뉴는 피레네 산맥의 협곡을 지나기 전에 묻는다. 누가 후위 부대를 지휘할 것인가? 가늘롱은 롤랑이 했던 "그리할 이는 가늘롱, 저의 의부"라는 말을 그대로 되받아, "그리할 이는 롤랑, 제 의붓아들"("Ce sera Roland, mon fillâtre")이라 답한다.[2] 이번에는 롤랑이 분노할 차례이다. 자신이 후위 부대를 맡을 경우, 검(劍)을 겨루지 않고서는, 말 한 필, 노새 한 마리도 황제가 잃는 일은 없을 것이라 그는 말한다. "그대의 말이 사실임을 나도 잘 안다"("Vous dites vrai, je le sais bien")라고 가늘롱은 답한다.[3] 그는 자신의 의붓아들을 잘 알고 있었다. 그는 롤랑이 전장에서 죽게 될 것임을 확신한다.

그의 짐작은 틀림없었다. 전투 초반, 그의 벗 올리비에(Olivier)가 황제의 도움을 청하기 위해 뿔피리를 불 것을 권하자, 롤랑은 거부한다. 그들은 다른 누구의 도움 없이 싸울 것이다. 한참 뒤, 아니 너무 늦은 후에, 마침내 그가 뿔피리를 불 것이라 알릴 때, 올리비에는 격노한다: 왜 제 때에 올 수 없을 조력을 이제야 청하는 것인가? 뿔피리를 불어야만 했던 것은 바로 조금 전, 후위 부대의 운명을 바꾸어놓을 수 있었을 그때였다.

그가 옳다는 것을 누가 인정하지 않을까? "롤랑은 용맹하고 올리비에는 현명하다"("Roland est preux (courageux) et Olivier est sage")고 시인은 말한다.[4] 하지만 신은 다름 아닌 롤랑의 영혼을 거두기 위해 천사들을 보내게 된다. 호전(好戰)적인 신이기 때문일까? 죽어가는 자의 겸허한 자기 반성을 긍휼히 여기는 신이기 때문일까? 시를 인용하고, 여러분에게 판단을 남긴다.

롤랑 경은 소나무 아래 누워
그의 얼굴을 에스파냐 쪽으로 돌렸다.
무수한 일들이 기억에 떠올랐으니,
복된 땅 프랑스, 그의 가문 사람들
샤를마뉴, 그의 주군, 그를 길러주신 분,
눈물 흘리고 한숨 짓는 것을 막을 길 없다.
그럼에도 잊지 않고 자신의 구원을 청하니,
자신의 죄를 외치고, 신의 자비를 청한다.
[…]
오른쪽 장갑을 신에게 바치니,
성 가브리엘이 그의 손에서 그것을 받아든다.
그는 머리를 그의 팔 위로 떨구었고,
두 손을 모은 채 최후를 맞는다.
신이 보냈으니, 천사 게루빔과
성 미카엘을,
또 그들과 함께 성 가브리엘을,
이들이 롤랑 경의 영혼을 천국으로 데려간다.[5]

사람들이 말하는 롤랑이 죽음을 맞이한 전투는 778년 8월 15일의 일이었다. 롤랑에게 생명을 부여한 시가 만들어진 것, 그때는 12세기의 여명기였다. 그렇다면 그 사이에는?

8

여러 세기의 침묵

778년, 사라고사 점령만을 남겨둔 상태에서 원정을 접고 회군하던 길에, 피레네 산맥을 넘어 시즈 계곡(port de Cize)으로 향하던 샤를마뉴의 후위 부대가 롱스보에서 습격을 당했다. 당시 왕실 연대기는 이에 대해 한 마디도 언급하지 않는다. 그 후, 여러 세월이 지나고 나서야, 몇몇 사가들이 이 사건을 아주 조금이나마 언급하기 시작한다. 산악 바스크족들이 군수품을 강탈하기 위해 매복해 습격했다고. 샤를마뉴가 죽은 지 15년 후, 그의 사가(史家)였던 에긴하르트(Eginhard)는 이 전투에서 죽은 중요 인물 세 사람의 이름을 거명한다.[1] 집사(le sénéchal) 에기하르트(Eggihard), 궁중백(comte du palais) 앙셀므(Anselme), 그리고 '브르타뉴 변경백'(duc de la marche de Bretagne) 롤랑(Roland). 한편 에기하르트와 앙셀므가 우리에게 알려진 인물인 데 비해, 마지막으로 언급된 만큼 두 사람보다 덜 중요한 인물인 이 롤랑에 대해 알려진 것은 없다. 그가 실존 인물인 것이 맞기는 할까? 그럼에도 불구하고 300년 후인 11세기 말에 이르면, 롱스보 전투를 사라센족에 맞서 펼쳐진 대전투로 만든 이 유명한 시의 주인공은 다름 아닌 롤랑이 된다.

아랍 기록들은 [롱스보 전투가] 사라센족에 맞선 전투였음을 확언하며, 이에 의거하면 전투는 사라고사 영주의 아들들에 의해 시작되었으며 그 결과 샤를마뉴가 인질로 데리고 가던 그들의 부친을 구할 수 있었다고 한다. 달리 말한다면 프랑크족 군대의 참패(慘敗)였다. 만약 아랍 사가들이 사실을 말한 것이라면, 원래 사건의 3세기 후에 만들어진 《롤랑의 노래》라는 시는 당대의 역사적 자료들과는 반대로 본질적인 부분에 있어 옳은 것일 터였다.

그런데 《롤랑의 노래》는 작품 안에서 상술되는 이야기들과 곧 다른 시들의 주인공이 되는 그 모든 인물들을 어디에서 끌어왔을까? 어떤 기억의 흐름들이, 조제프 베디에(Joseph Bédier)가 '여러 세기의 침묵'(silence des siècles)이라 불렀던 것을 거쳐, 778년의 사건에서부터 1100년경의 시까지 이어져왔던 것일까? 《롤랑의 노래》 이전에는 무엇이 있었을까? 《롤랑의 노래》보다 몇 십 년 앞서 라틴어로 쓰여진 어느 짧은 이야기는 제 방식대로 열두 용장 가운데 몇 명의 이름을 거명하면서 샤를마뉴의 에스파냐 원정을 이야기한다. 이미 11세기부터, 당시 프랑스 전역에는 올리비에와 롤랑이라는 이름을 가진 여러 쌍의 형제들이 존재했다. 그런데 올리비에는 늘 형이었고 롤랑이 동생이었다… 여러 연대기 작가들은, 정복왕 기욤(Guillaume le Conquérant)이 잉글랜드를 정복할 수 있게 해준 1066년의 헤이스팅스(Hastings) 전투에서, 어느 종글뢰르가 노르만 전사들의 사기 진작을 위해《롤랑의 노래》를 노래하기 시작했다고 증언한다. 그렇기는 하지만 이들 연대기 작가들은 12세기 초에,《롤랑의 노래》가 만들어진 이후에 기록을 남겼다. 그럼에도 불구하고《롤랑의 노래》는 분명 노르만어이다.

풀 길 없는 동일한 의문이 12세기 혹은 13세기에 만들어진 '무훈시'(chansons de geste)들, 먼 과거의 변형된 기억들을 간직한 것이자 그 기억들이 그럼에도 불구하고 카롤링거 왕조 시대(8~9세기)까지 거슬러 올라가는 작품들 모두에 대해 제기된다. 카롤링거 왕조 시대까지 거슬러 올라가는 민중적이면서 구전되던 어떤 시가 실제로 존재했고, 마침내 기술되는 문학 속에 출현했을 것이라 가정해야만 할까? 반대로 무훈시들을 몇몇 식자층의 문헌에서 출발해 만들어진 새로운 작품으로 간주해야만 할까? 박식한 학자들 사이의 오래된 논쟁거리이지만, [이러한 가정은] 시의 탄생에 대한 두 가지 입장이 걸린 문제이기도 하다. 또 당시에는 정치적 논쟁거리이기도 했다. 만약 무훈시들이 8세기까지 거슬러 올라가는 것이라면, 로망어가 등장하지 않았을 때였던 만큼, 이 작품들의 원천은 게르만족의 시들이 된다. 만약 무훈시들이 11세기의 새로운 창작이라면, 이 창작은 프랑스의 것이 된다. 프랑스와 독일이 대립, 경쟁 관계에 있던 때에, 이 문제는 중차대한 것으로 여겨졌다.

그런데 '무훈시'라는 표현 자체는? 프랑스어는 '완수된 것들'(choses qui ont été accomplies), '위업'(hauts faits)을 뜻하는 라틴어의 중성복수형 'gesta'에서 여성 단수를 취해 'la geste'를 만들었다. 《롤랑의 노래》의 마지막 구절은 "여기서 끝난다, 티롤이 만든(낭송한, 알린) 무훈시는"("Ci falt la geste que Turoldus declinet")이며, 여기서 'declinet'는 '만든'(compose), '낭송한'(récite), '알린'(fait connaître)의 의미를 갖는다.[2] 이 튀롤(Turold)이라는 인물은 시의 저자일까, 시의 원천의 저자일까, 시를 노래했던 종글뢰르일까, 필사본을 옮겨 쓴 필생일까? 이에 대해 우리가 알 수 있는 것은 별로 없다. 의구심 속에서, 관대함을 보이자. 그리고 그가 제 이름을 결부시킨 이 찬탄할 만한 오래된 시를 이 미지의 인물에게 헌정하자.

이때가 11세기 말이었다.

9

바느질 노래

무훈시는 전사의 시이자 남성의 시이다. 무훈시 저자의 눈에는, 올리비에에 대한 롤랑의 우정이 그가 결혼을 약속한 올리비에의 누이인 아름다운 오드(Aude)에 대한 사랑보다 더 중요한 것처럼 보인다. 임종의 순간, 롤랑은 그의 검 뒤랑달(Durendal), 그가 모시는 황제, 프랑스, 그리고 신을 떠올리지만, 그가 돌아오기를 기다리는 여인, 롤랑의 죽음을 갑자기 전해 듣자 고통으로 죽게 되는 여인은 생각하지 않는다: "신도 원치 않으실 것이며, 성자들과 천사들도 바라지 않을 터라,/롤랑의 죽음 뒤 제가 더 사는 것은."[1]

몇몇 여성의 노래들, 매우 오래된 혹은 그렇게 보이고자 하는 이 노래들은, 생략된 서술과 후렴구를 통해, 우리가 민중적인 발라드들에서 갖게 되는 생각에 어느 정도 부합되며, 마치 여성의 노래들이 전사의 귀환을 기다리는 여인들의 위태로운 사랑에 바쳐진 무훈시들의 작은 조각들이었던 것처럼, 아름다운 오드의 죽음을 반향한다. 여성의 노래들은 무훈시들과 동일한 고풍(古風)의 작시법(作詩法), 간결하고 급격한 표현, 언제나 그런 것은 아니지만 대부분 단순하고 반복적인 음률, 끝으로 대개 1인칭 '나'를 사용하는 서정시와는 달리 3인칭으로 거리를 둔 서술 방식을 택하는 무훈시의 방식을 공유한다. 이 때문에 여성들의 노래는 '이야기 시'(chanson d'histoire)로 불린다. 또 '바느질 노래'(chanson de toile)라고도 칭하는데, 그 이유는 이런 시에 등장하는 여주인공들이 종종 자수(刺繡) 일에 몰두하며 애인을 기다리는 마음을 달래거나, 또는 그와 비슷한 일에 전념하면서 이런 노래를 불렀을 것으로 상정되기 때문이다. 13세기 초, 어느 짓궂은 작가가 여하튼 이렇게 주장하는데, 이 궁정 작가는 그 여인들의 서투른 시 안에서 어떤 매력을 발견한 듯, 자신의 작품들 가운데 하나에서 여러 번 이러한 시를 인용한다.

다른 바느질 노래들은 유일한 한 권의 필사본에 수록되어 있으며, 일례로 다음과 같은 노래가 있다.

5월, 날이 길어진다 말하는 때 찾아와

프랑스의 프랑크 사람들 궁정에서 귀환할 때,
르노(Renaud)가 가장 앞서서 오네.
에랑부르(Erembourg)의 집 앞을 그가 지나갔네,
하지만 그럼에도 그는 눈을 들어 보지도 않네.
아아! 르노, 내 사랑!

아름다운 에랑부르, 햇살 받으며 창가에 있네,
무릎에는 색색 비단 올려놓고.
궁정에서 돌아오는 프랑스의 프랑크 사람들을 바라보네,
그리고 선두에 있는 르노를 보네:
목소리 높여 마음 속에 간직했던 이야기를 말했네
아아! 르노, 내 사랑!

르노, 나의 님아, 이런 시절도 있었답니다,
그대가 내 아버지의 탑 아래를 지날 때,
내가 말을 건네지 않으면 그대 슬퍼했을 그런 시절이.
—당신의 처신이 잘못되었소, 황제의 딸이여:
당신은 다른 사람을 사랑했고, 우리를 잊어버렸지.
아아! 르노, 내 사랑!

르노 경이여, 나 그에 대해 결백함을 밝힙니다:
[…]
그대 아닌 다른 누구도 사랑한 적 없어요,
내 소명을 받아들여주세요 또 나 그대에게 입맞추리니
아아! 르노, 내 사랑!

르노 경 계단을 올라갔네
넓은 어깨, 늘씬한 허리
그의 머리카락은 살며시 곱슬거리는 금발
그처럼 아름다운 젊은이 세상 어디에도 없네.
에랑부르 그를 바라보네, 눈물을 떨구기 시작하네.
아아! 르노, 내 사랑!

르노 경 탑으로 올라갔네
꽃으로 수를 놓은 자리 깔린 침상에 앉았네
그의 곁에 앉아 있네 아름다운 에랑부르:
이윽고 그들의 첫 사랑 다시 시작되네
아아! 르노, 내 사랑![2]

노래의 시선은 에랑부르의 그것이다. 여인에 대해, 우리가 말할 수 있는 것은 단지 그녀가 아름답다는 것뿐이다. 그런데 한 연이 송두리째 르노에 대한 묘사에 할애된다. 그가 어찌나 아름다운지 그녀는 이에 눈물을 흘린다. 그녀는 자신의 정절(貞節)을 주장하며 그의 앞에서, 막연한 의심으로 그녀를 내친 그 앞에서, 몸을 낮춘다. 마침내 르노는 다시금 그녀와 잠자리를 같이 하고자 한다. 왜냐하면 여인이 간청하기에. 이런 점에서 본다면, 이 노래는 다행스럽게 끝나는 그런 노래이다. 그렇게 보고자 한다면… 하지만 후렴구, 노래에 어조를 부여하는 후렴구는 이런 해석에 속지 않는다. 후렴구는 슬프기에. 이러한 노래가 바로 연인들의 운명에 대해 부러워하는 어떤 생각을 갖게 하지 않는 그런 것이다.

10

두 자매

모두 공감한다. 여성의 노래들, 중세 연애 서정시의 저 최초의 표명들은 연인들의 운명에 대해 선망 어린 생각을 전혀 주지 않는다. 그런데도 시간을 들여 이를 길게 논의할 필요가 있을까? 그렇다, 여성의 노래 한 편을 더 읽을 필요가 있다. 천도 자수(刺繡)도 없는 바느질 노래 한 편을. 두 여주인공이 나오는 이 노래는, 자매 사이의 유대가 두 사람 가운데 한 명의 사랑으로 인해 어떻게 부서졌는지를 이야기한다. 이 노래는, 약 십여 편의 바느질 노래들을 우리에게 전해주는, 별로 주의를 기울이지 못한 작은 필사본 말미에 급하게 필사되었고 선율도 없다.[1]

토요일 저녁, 한 주가 끝난다.

가이에트와 오리우르, 한 핏줄의 자매가
손에 손 잡고 샘으로 몸을 씻으러 간다.
바람 일어도, 무성한 나뭇가지 휘어져도
사랑하는 이들 평온히 잠잔다.

젊은 제라르 창술(槍術) 연습에서 돌아와,
샘가의 가이에트를 눈여겨 보았고,
두 팔로 그녀를 안았네, 부드럽게 감싸 안았네
바람 일어도, 무성한 나뭇가지 휘어져도
사랑하는 이들 평온히 잠잔다.

"오리우르, 물을 다 길었으면,
네 발길을 돌리렴, 마을로 가는 길을 너 알고 있으니.
나는 제라르와 함께 남으련다, 그는 나를 무척 사랑하니."
바람 일어도, 무성한 나뭇가지 휘어져도
사랑하는 이들 평온히 잠잔다.

그때 오리우르는 떠난다, 창백해진 채 슬퍼하며,
두 눈에서는 눈물 떨어지고, 마음으로는 탄식하며,
그것은 제 누이 가이에트 때문, 그녀와 함께 가지 못해서.

바람 일어도, 무성한 나뭇가지 휘어져도
사랑하는 이들 평온히 잠잔다.

"아!, 오리우르 말하길, 내 운명 참으로 서글퍼라!"
내 누이를 골짜기에 두고 왔네,
젊은 제라르가 그의 영지로 누이를 데려가는구나.
바람 일어도, 무성한 나뭇가지 휘어져도
사랑하는 이들 평온히 잠잔다.

젊은 제라르와 가이에트는 떠났네,
그들은 도시로 곧장 가는 길을 택했네.
도착하자마자, 그는 그녀와 혼례를 올렸네.
바람 일어도, 무성한 나뭇가지 휘어져도
사랑하는 이들 평온히 잠잔다.[2]

이 노래는 필경 행복한 노래일 터이지만, 동시에 슬픈 노래이다. 후렴구는 차분하게 가라앉은 사랑의 충만함을 표현하려 애쓰지만, 바뀌는 것은 아무것도 없다. 또 한편, 이 후렴구가, 잃어버린 어느 사랑에 머물고자 함을 우수 어리게 전하는, 기욤 아폴리네르(Guillaume Apollinaire)의 〈미라보 다리〉(Pont Mirabeau)의 그것에 영향을 주었을 수 있다고 사람들은 추측했다: "밤이 와도 종이 울려도/세월은 가고 나는 남는다"("Vienne la nuit sonne l'heure/Les jours s'en vont je demeure").[3]

이 노래는 필경 행복한 노래일 것이며, 중심 인물 또한 온통 사랑에 빠진 여인, '즐거움'(gaieté) 가득한 이름의 가이에트가 되어야 마땅할 것이다. 그런데 이 노래는 슬픈 노래이며, 중심 인물은 다정하고 애처로운 이름의 오리우르이다.[4] 여주인공이 분명 오리우르이기에 필사본의 필경사(筆耕士)는 착각에 빠지게 되었고, 그래서 "그[제라르]는 가이에트를 눈여겨보았다" 대신 "그는 샘가에서 오리우르를 눈여겨보았다(a choisi)고(다시 말해, 주목했다[remarqué], 택했다[distingué]의 의미)"라고 적었다. 이는 분명 바로잡아야 할 대목이다. 그럼에도 불구하고 부주의한 필경사가 어떤 부분에서는 옳게 보았다. 그도 그럴 것이 젊은 제라르가 눈여겨본 것은 가이에트지만, 우리는 오리우르를 기억하기 때문이다.

오리우르의 슬픔이 만든 슬픈 노래. 제 누이와 떨어져야 하는 슬픔일까? 선택받지 못한 데서 오는 슬픔일까? 틀림없이 그럴 테지만, 여기에는 아마도 "젊은 제라르가 자신의 영지로 데려간" 가이에트의 운명을 염려하는 다른 슬픔 하나 역시 있을 것이다. 거친 훈련('la quintaine'는, 잘 알려진 것처럼, 창을 내질러 사람 모양의 과녁을 넘어뜨리는 군사 훈련의 하나이다)에서 돌아온, 가이에트를 발견한, 그녀를 안고 한 마디 말도 없이 데리고 간 이 젊은 제라르에 대해 우리가 아는 것은 무엇인가? 그에 대해 우리가 무엇을 알고 있는가? 그가 가이에트를 사랑하는 것일까? 그렇게 말한 것은 가이에트이며, 그는 침묵을 지킨다. 그는 그저 몸짓 언어만을 아는 듯 보인다. "나는 제라르와 함께 남으련다, 그는 나를 무척 사랑하니": 이 말이 충분한 이유가 되며, 가이에트에 대한 그의 감정들은 문제가 안 된다.

요정 이야기의 에필로그를 닮은 마지막 시절은 우리를 안심시키기에 충분치 않다. 다행스럽게 결말을 내리는 노래들에서조차, 여성들의 사랑은 위태로운 채 남아 있다.

이 노래를 언제 것으로 추정할 수 있을까?[5] 필사본은 13세기에 만들어진 것이다.

11

기욤 9세, 최초의 트루바두르

> 푸아티에 영주는 세상에서 가장 정중한 이들 가운데 한 명이었고 귀부인들을 유혹하는 데 으뜸가는 이들 가운데 한 명이었다. 무기를 들면 용맹한 기사였고, 여인을 유혹하는 데에는 모자람이 없었다. 그는 시를 짓고 이를 노래하는 데 매우 능숙했다. 또 그는 귀부인들을 유혹하기 위해 세상 곳곳을 오랫동안 돌아다녔다.[1]

11세기에서 12세기로의 전환점에서, 기욤(Guillaume), 일곱 번째 푸아티에(Poitiers) 영주이자 같은 이름을 가진 아홉 번째 아키텐(Aquitaine) 공작(1071-1126)은 서구의 대영주들 가운데서도 으뜸가는 한 명이었다. 눈길을 끄는 인물, 추문(醜聞)을 몰고 다니는 인물, 가식적인 인물, 방탕한 인물, 여러 번

결혼한 인물, 정부들로 뒤덮인 인물 등, 그는 당대의 여러 연대기 작가들을 매료시키는 동시에 그들의 빈축(嚬蹙)을 샀다.[2] 자신의 가신, 샤텔레로(Châtellerault) 대리관의 아내와 공공연하게 사는 것에 그치지 않고, 그는 그녀의 나신(裸身)을 자신의 방패 위에 그리게 했다. 그가 말하기를, 이는 그녀가 자신을 침상으로 이끌듯, 자신도 전장에 그녀를 데려가기 위해서였다.

유럽의 새로운 언어들 가운데 하나인 오크어 속에 오롯이 남아 있는 가장 오래된 서정시들, 가장 오래된 노래들이 이 유별난 인물의 작품으로 추정된다. 물론 여성들의 노래가 더 오랜 연원을 갖고 있지만, 이 노래들은 단편들로 혹은 후대의 여러 견본(見本)들을 통해서만 알 수 있을 뿐이다. 기욤 9세(Guillaume IX)가 선구자가 된 시는, 우리가 아는 한, 이전과 차별화되는 어떤 성격의 것이었다. 그의 시는 사랑에 대한 또 우리 문명이 오늘날에 이르기까지 누려왔던 시와 사랑을 잇는 관계에 대한 새로운 생각의 전달자였다.

기욤 9세는 트루바두르들 가운데 최초의 트루바두르였다. 이들 시인들은 오크어를 사용하여 12세기와 13세기 동안, 새로운 하나의 시 형식 안에 사랑하는 여인에 대한 동시에 정중하면서도 열정적인, 위반적이면서도 체계화된 어떤 숭배로 만든, 사랑에 대한 새로운 입장을 표현하는 노래들을 창안, 즉 '발견'(trouvent)하게 된다(오크어 'trobar'에서 그들의 이름이 유래한다). 남성은, 적어도 시에서는, 자신의 귀부인, 즉 문자 그대로 자신의 마님(maîtresse)에 대한 전적인 순종을 표하며, 여성의 가신이자 시종인 그는 남성에게 적용되는 '나의 주군'(mi dons)이라는 말로 여성을 칭한다. 그가 희구하는 것은, 여성의 의향에 따라 허락되거나 거부되는 호의이다. 그는 여성 때문에 또 여성으로 인해 식유하게 된다. 그는 갖가지 고통들과 욕망의 만개(滿開)를 맛본다. 바로 이것이 우리가 '궁정풍 사랑'(amour courtois)이라 부르는 것이며, 당시 불길 속에서 정련(精鍊)된 순금처럼, 정제(精製)된 사랑, 즉 '핀아모르'(fin'amor)라 불린 것이다.

그의 계승자들의 시에 영감을 불어넣을 이러한 사랑은, 그럼에도 불구하고 매춘부들의 수도원을 세울 작정이라 주장했던 저 기욤 9세와는 결코 어울리지 않는다. 자신의 '동패'(同牌, compagnons)들에게 건네는 여러 편의 그의 노래들은 전형적으로 남성들 사이에서 이루어지는 남성의 노래이다. 이 노래들은 노골적인 냉소(冷笑)와 더불어 여성들을 다루며,[3] 몇몇 경우 현저히 눈에 띄는 외설스러움을 드러낸다. 그러나 그의 시가 이런 측면에 국한되는 것은 아니다. 그의 시는 마찬가지로 다른 것들, 봄날의 자연에 대한 감각적인 동요, 대담한 용기와 두려움 사이에 놓인 남성 연인의 고통, 부서지기 쉬운 사랑, 욕망의 떨림 등을 능히 이야기할 수 있다.

우리 사랑도 이와 같으니,
나무 위에서 흔들리는
산사나무 가지와 같네,
밤이면 비와 서리에 흔들리는,
어린 가지의 푸른 잎 위로
태양빛이 퍼지는 아침이 올 때까지.[4]

이 욕망이 순결한 것은 아니다. 그러나 시인이 상상 속에 설정한 제한들에 의해 억제되고 고조된 이 욕망은, 그가 궁극적인 욕망의 실현에까지 이르지 못하는 만큼, 또 그의 표현이 푸아티에 영주가 다른 곳에서 자신의 동패들에게 베푼 외설적인 농들과 사뭇 거리를 두고 있는 만큼, 더 열렬하다:

나는 지금도 떠올린다네,
우리가 싸움을 끝마쳤던 어느 날 아침을.
그녀는 지극히 큰 선물을 내게 보냈지,

그녀의 사랑 그리고 그녀의 반지를.
신이여, 제게 충분한 삶을 허락하소서
내 두 손 그녀의 외투 아래 둘 수 있을 때까지![5]

이때가 12세기였다.

12

자연과 사랑

우리에게, 자연은 무엇보다도 하나의 정경(情景)이다. 중세의 경우, 자연은 하나의 관계이다. 우리가 보는 자연은, 점점 엷어지는 색조들, 원경(遠景)들, 원근법을 가진 정경을 닮아 있다. 중세, 그 예술이 오랫동안 원근법을 알지 못했던 이 시기는, 자연을 가까운 것으로 파악한다.[1] 중세는 자연을 아주 가까이에서, 자세히 묘사하며 바라본다. 자연은 사람들이 만지고, 느끼고, 듣는 것이며, 시선을 가로막고 온몸을 감싸는 것이다: 꽃핀 나뭇가지, 어느 샘과 그 물길, 살갗에 닿는 대기의 포근함, 미풍의 향기, 추위의 내음. 자연은 다름 아닌 감각 세계이자 감각의 기쁨이다.

중세의 모든 사랑 노래들이, 자연에 대한 감각들을 먼저 이야기하고 난 뒤에야 사랑의 감정들로 넘어간다고 해서 놀랄 필요는 없다. 이제 새봄[新春]이며 나는 사랑을 느낀다: 이 말은 얼마나 진부한가! 그렇다, 하지만 우리에게 봄은, 그저 좋은 날씨가 돌아온 것일 뿐이며, 바로 여기에 진부함이 있다. 오크어(langue d'oc)를 사용하던 트루바두르들 혹은 오일어(langue d'oïl)를 쓰던 트루베르(trouvère)들의 경우(내가 이야기를 했던가, '긍정의 예'[oui]를 말하는 저마다의 방식에 따라, '시'[sì] 언어[이탈리아어], '오일'어[프랑스어], 그리고 '오크'어로 각 언어들을 지칭한 최초의 인물이 바로 단테[Dante]였다는 것을?).[2] 본래 이야기로 다시 돌아가자. 트루바두르 혹은 트루베르에게, 봄은 풀밭에서 겨울의 누런 풀을 대신하는 새로운 풀이고, 앞서 [바로 11장에서] 이미 인용했던 기욤 9세의 노래에서처럼, 검은 가지 위에 매우 서둘러 하얗게 꽃핀, 밤의 서리에 시달리는 산사나무이며, 겨울의 진흙을 치워버리고 어느 순간 맑은 물이 된 시냇물, 저 가까운 관목 덤불에서 처음으로 듣게 되는 새로운 새의 노래, 혹은 아직은 헐벗은 들판에서 솟아오르는 한 마리 새이다.

다시 새롭게 꽃 피고
풀밭과 정원들 푸르러지고,
시냇물과 샘물들 맑게 빛나고,

미풍과 바람부는 것 우리 보게 되니,
저마다 즐기는 것이 옳으리
자신이 향유하는 즐거움을.[3]

또는

샘의 가는 물줄기
봄이면 늘 그렇듯, 더 맑게 흐를 때,
또 들장미꽃 피어나고,
가지 위의 밤꾀꼬리
제 달콤한 노래를
되풀이하고, 변화시키고, 고르며, 다듬을 때,
응당 나 역시 내 노래를 다시 매만져야 하리라.
먼 나라의 사랑,
그대로 인해 내 마음 온통 아프네.[4]

아니면,

서리가 사라지고
언덕과 협곡에 남아 있지 않을 때,

정원에는 꽃이 떨고 있으니,
저 높은 가지 꼭대기, 과실이 익어갈 그곳에서.[5]

그러나, 시인은 말한다, 내가 사랑하는 여인을, 오직 봄에만, 수액이 올라오고 모든 것이 사랑을 열망하는 때에만 노래해야 할까? 아니다, 내 마음은 한결 같고, 나는 그녀를 언제나 사랑한다. 따라서 그는 봄의 서두를 겨울의 그것으로 바꾼다: 낮은 어둡고 짧으며, 살을 에는 바람 불지만, 나에게 그것은 영원한 봄이다, 사랑하고 있다는 기쁨이 내 안에 어린 새싹을, 꽃을, 여름의 과실을 맺게 하는 것처럼.

낮이 짧아지고 밤이 길어질 무렵,
투명한 대기가 어두워질 때,
바라건대, 가지와 새싹으로 돋아나기를, 내 생각,
내게 꽃과 열매를 맺게 해주는 새로운 즐거움에 대한.[6]

르네 샤르(René Char), 프랑스어를 사용하지만, 오크어와 남프랑스의 대지에 뿌리를 둔 시인인 그는, 이렇게 그의 작품 〈연서(戀書)〉(Lettera amorosa)를 시작하리라.

사랑을 부르짖으면, 사랑하는 그녀 오리니.

여름의 영광, 오! 열매여.[7]

이것은 20세기의 일이리라. 하지만 우리가 방금 들었던 기욤 9세, 조프레 뤼델(Jaufré Rudel), 아르노 다니엘(Arnaut Daniel), 페이르 도베르뉴(Peire d'Auvergne), 이때는 12세기였다.

13

사랑처럼 복잡한 어떤 시

나는 남프랑스 사람이 아니다. 어떤 시를 내가 옛 오크어로 소리내어 읽을 때, 내 발음은 물 흐르듯 거침없는 것과는 거리가 멀다. 사람들이 거슬린다고 느끼는 꺼칠꺼칠함은 내가 알자스 출신인 것과 관계가 있다. 그러나 그것 때문만은 아니다. 이 꺼칠거림은 몇몇 트루바두르들이 의식적으로 추구했던 것이기도 하다. 그들은 단음절어들, 여러 자음군들, 서로 서로 너무 멀리 떨어져 듣는 이의 귀를 부드럽게 달랠 수 없는 각운들을 끌어모은다, 그들은 불명료하고 난해한 방식으로 자신들의 생각과 감정들을 표현한다. 무엇 때문일까?

우선은 이 선별된 정예 시인들, 보잘것없는 태생일지라도 기품 있는 정신의 소유자들이 그들의 사랑을 호기심거리로 속인들에게 전해 이를 더럽히고자 하지 않기 때문이다. 그들은 사랑을 이해할 만한 이들에게 그들의 고백을 남겨두기를 원했다. 바로 이러한 이유에서 트루바두르들 가운데 일부는 그들이 '트로바르 클루스'(trobar clus, 닫힌 트로바르)라 말하는, 다시 말해 '폐쇄된', 난해한 문체 하나를 공들여 가꾸며, 또 다른 이들은, 샘가의 평민 아낙네들이 자신의 노래들을 입으로 흥얼거리는 것을 듣는 데서 기쁨을 얻을 것이라 말한 지로 드 보르네이(Giraut de Bornelh)처럼,[1] '트로바르 레우'(trobar leu, 어렵지 않은 트로바르), 즉 '평이한' 문체를 사용한다.

그런데 여기에는 또 다른 이유가 하나 더 있다. '핀 아모르', 즉 '궁정식 사랑'은 손쉬운 그런 사랑이 아니다. 이 사랑에는 까다로운 조건들이 있다. 욕망을 충족시키지 못하면 고통을 겪듯, 지나치게 빨리 충족되어도 욕망이 사라질 것임을 이 사랑은 알고 있으며, 그렇기에 사랑—흔히들 말하기를, 치유를 원치 않는 유일한 병—안에는 피할 수 없는 모순, 돌이킬 수 없는 아픔, 도취와 고통의 복잡하게 뒤얽힌 혼합이 있다는 것도 안다. 그런데 중세는, 시(詩)가 응당 제가 표현하는 사랑을 닮아야 한다고 생각한다. 왜냐하면 중세가 시의 특질로 사랑의 진실함의 기준을 삼기 때문이다. 어떻게 하면 시가 사랑을 닮은 것이 될 수 있을까? 사랑과 마찬가지로, 고통받고, 불안해하고, 모순적인, 동시에 달콤하면서도 모진 것이 됨으로써, 시는 사랑과 닮은 것이 된다.

여기, 동일한 주제를 다룬, '트로바르 클루스'(난해한 문체)와 '트로바르 레우'(평이한 문체)의 예가 하나씩 있다. 두 편 모두, 내가 이미 언급했던, 겨울의 정경으로 시작하는 시절(詩節)들이며, 사랑하는 여인의 냉담함과 욕망의 열렬함 사이의 또 다른 모순 하나를 시사하는, 얼음처럼 차가운 겨울과 타오르는 사랑 사이의 모순에 토대를 두고 있다. '트로바르 클루스'를 따르는 트루바두르 랭보 도랑주(Raimbaut d'Orange)는 '트로바르 레우'를 따르는 베르나르 드 방타두르(Bernard de Ventadour)의 시절을 뒤틀린, 난해한 형태 아래 다시 쓴다.

평이한 문체임에도 불구하고, 아래의 베르나르 드 방타두르의 시절은, 이미 모순에 기반을 두고 있다.

내 마음 그리도 즐거움으로 가득하니,
그 즐거움 내게서 모든 것을 바꾸어놓네.
하얀, 붉은, 노란 꽃
추위는 내게 이렇듯 보이니,
그것은 바람과 비
내 행복을 크게 늘리고,

이로써 내 노래 드높아져 우뚝 솟게 되며,
나의 재능 향상된다.
내 마음에 이토록 가득하니,
사랑과 즐거움, 그리고 감미로움,
얼음은 내게 꽃인 것처럼,
눈[雪]은 녹음(綠陰)처럼 보인다.[2]

그런데, 이제 랭보 도랑주는 모순을 한층 더 끌어올린다. 시인은 더는 얼음이 꽃인 것처럼 보인다고 말하지 않는다. 얼음은 한 송이 꽃이며, 이 꽃은 여느 꽃의 반대이다. 이것은 고통을 주는, 가르는, 끊어버리는 그런 꽃이다. 그렇기에 그는 거슬리는 소리들, 비단 나의 좋지 못한 발음에 기인하는 것만은 아닌 거슬림을 듣는 이의 귀에 전함으로써, 이 상처를 느끼게 만든다.

이제 거꾸로 된 꽃 빛나니,
날카로운 바위 위에, 작은 언덕들 위에,
어떤 꽃? 두드리고, 고통을 주고, 자르는
눈, 얼음, 서리,
나 보네, 지저귐, 울음, 소리들, 찢기는 흐느낌들,

잎들, 나뭇가지들, 어린 싹들 속에서, 죽는 것을.[3]

모든 것이 복잡하다. 그런데 사랑이 간단한 것일까? '트로바르 클루스'를 따르건 아니면 '트로바르 레우'를 따르건 간에, 트루바두르들은 그렇게 생각하지 않았다. 이때가 12세기였다.

14

종글뢰르

앞서 살펴보았듯이, 트루바두르들은 기타를 든 '바바 쿨'(히피)이 아니었다.[1] 그들은 엄격한 시인이자 궁정인(이 말에서 '궁정 시인'[poète courtois], '궁정풍 사랑'[amour courtois]이라는 표현들이 연유한다)이었다. 그들이 추구한 것은 무엇보다 여러 기법의, 정신의, 제반 감정의 고아(高雅)함이었다.

그런데 종글뢰르(jongleur), 장터나 성당의 광장에서 무지렁이 청중들에게 이야기를 전해주던 이들은? 이런 종글뢰르가 실제로 있었을까? 물론이다, 종글뢰르는 존재했다.

'jongleur'라는 말의 연원(淵源)은 라틴어 'joculator'(*jocus*, 재주[le jeu])로, 종글뢰르는 일종의 재주꾼이었다. 오늘날 쓰이는 'jongler' 동사의 의미처럼 재주를 부렸던, 영화 〈밤의 방문객들〉(Les Visiteurs du soir)에서처럼 재주 부리는 훈련된 동물들을 구경시켜 주었던,[2] 연회(宴會)의 분위기를 고조시켰던, 여러 가지 곡예들 혹은 묘기들을 펼쳤던, 익살을 떨었던, 만약 여성 종글뢰르였을 경우 이보다 더 나쁜 일도 했으리라 사람들이 짐작하곤 했던, 또 마찬가지로 간혹 이야기들을 들려주고 시들을 노래하기도 했던, 그런 재주꾼 말이다.[3] 이 마지막 활동이 종글뢰르를 구해주었다. 이야기들을 들려주고 시들을 노래하는 활동이 종글뢰르를, 본래의 의미에서 '구했으니', 종글뢰르의 영원한 구원(救援)이 이를 통해 보장되었던 것이다. 13세기 초, 영국의 신학자 토머스 촙햄(Thomas Chobham)은,[4] 종글뢰르들은 죄의 사(赦)함을 받을 수 없으며 그렇기에 그들은 지옥으로 가지만, 여러 성인들의 생애 및 '위업(偉業, gesta)'들—즉 위대한 인물들의 모든 행적들, 달리 말한다면 무훈시들—을 노래하는 이들은 예외라는 점을 고해신부들이 활용하도록 만든 어느 개론서에서 설명한다.[5]

종글뢰르들은 성인들의 생애와 무훈시들을, 여러 성(城) 안에서뿐만 아니라, 마을 광장들에서, 성지순례의 여정(旅程)에서, 성소(聖所)의 광장에서 노래했다. 이 점에 관해, 에피날(Epinal) 판화는 타당하다.[6] 무훈시들은 일반적으로 종글뢰르가 행하는 일종의 사설(辭說)로 시작되며, 그는 이야기의 재미를 과시하고, 그의 동료들이 망쳐놓은 이야기의 원래 내용(原版)을 알고 있는 사람이 자신뿐임을 호언장담한다. 때때로 그는, 흥미진진한 이야기가 한창일 때, 물 한 잔을 마시기 위해 아니면 돈을 걷기 위해 잠시 말을 멈출 것임을, 또 거둬들인 돈이 충분치 않으면 이야기를 속개(續開)하지 않을 것임을 알린다. 이 모든 것이 운문으로 이야기된 것은 사실이며, 이것이 시의 한 부분이 되어 필사본에 빠짐없이 옮겨졌고, 이것이 없었던들 우리는 종글뢰르에 대한 아무런 자취도 찾아볼 수 없었을 것이다: 하지만, 기교가 흥미로운 것은 그것이 어떤 현실을 반향하기 때문이다.

때로 종글뢰르는 어느 트루바두르를 섬기면서 트루바두르가 지은 노래들을 불렀다. 때로, 트루바두르가 몰락하면, 그는 종글뢰르가 되는 것 외에는 다른 방도가 없었고, 다시 말하자면 자신의 기예로 호구지책(糊口之策)을 삼아야만 했다. 이렇게 해서 그토록 차별화되던 이 두 부류가 하나로 합쳐지게 되었다. 13세기 말, 마지막 트루바두르들 가운데 한 명인 기로 리키에(Guiraut Riquier)는,[7] 카스티야(Castille)의 현명왕 알폰소 10세(Alphonse X le Savant), 그 또한 시인이었던 국왕에게 바친 운문 탄원서에서,[8] 종글뢰르들이 트루바두르라는 호칭을 사용하는 것을 금해줄 것을 청한다.[9]

종글뢰르의 꿈은, 힘을 가진 큰 인물들이 호화로운 축연들을 여러 번 열고, 흥겹게 한 많은 종글뢰르들에게 금전과 의복, 나아가 여러 필의 말[馬]들로 풍성한 시혜(施惠)를 베푸는 것이었다. 그들의 가장 큰 꿈은 유일한 보호자를 섬기는 안정된 지위를 얻는 것, 그리고 '메네스트렐'(ménestrel)—'관리(官吏)'를 뜻하는 라틴어 'ministerialis'(프랑스어의 'ministre'와 같은 말인)에서 유래한—이 되는,[10] 다시 말해 어떤 영주나 왕후의, 오늘날로 보자면 국가의 지원을 받는 공복(公僕)이 되는 것이었다. 이러한 지위에 도달한 이는 별로 없었지만, 많은 종글뢰르들이 이 호칭을 사칭(詐稱)했고, 그 결과 메네스트렐이라는 호칭은 급격히 빛이 바래게 된다.

이렇듯 종글뢰르는 비참함에서 벗어나지 못했다. 종글뢰르들 가운데 한 명이 수도원에 조수사(노동 수사)로 들어갔던 것을, 운문으로 된 짧은 이야기 한 편이 우리에게 들려준다. 어느 날, 성모 마리아 상(像) 앞에서, 자기 주변의 모든 수도사들이 학문과 하느님을 섬기는 의례에 그렇게나 조예가 깊은 데 비해, 자신은 아무짝에도 쓸모가 없고 성모에게 봉헌할 수 있는 것이 아무것도 없다는 사실 때문에, 그는 가슴 아파했다. 그의 경우, 그가 할 줄 아는 전부라고는 그저 곡예뿐이었다. 그래서 그는 성모 마리아 상 앞에서, 그분에게 바치는 경의의 표시로, 연이어 공중제비를 돌기 시작했다. 바로 그 순간, 갑자기 찾아온 수도원장이, 이러한 불경함에 분개하여 그를 호되게 벌할 채비를 하던 차였다. 그때 수도원장은 조상(彫像)이 움직이는 것을, 성모 마리아가 몸을 숙이고는 자신의 베일로 종글뢰르의 얼굴에 흐르던 땀을 닦아주는 것을 보았다.[11]

이때가 13세기였다.

15

읽기와 듣기

중세 세계는 동시에 구어(口語)의 세계이고 문어(文語)의 세계이다.

종글뢰르는 무훈시들을 노래한다. 트루바두르는 자신의 시들을 직접 노래하거나 아니면 다른 이들에게 자신의 작품을 노래하게 한다. 크레티앵 드 트루아(Chrétien de Troyes)의 작품에서, 사자(獅子)를 거느린 기사(Chevalier au Lion) 이뱅(Yvain)(이 이야기는 1170년대 말로 집필 연대가 추정된다)은 어느 성의 정원에서 부친과 모친에게 책을 읽어주고 있던 어느 젊은 아가씨를 발견한다.

그는 보았다, 팔꿈치를 괴고,
어느 영주가 누워 있는 것을,

비단 천 위에. 그리고 그의 앞에는,
어느 젊은 아가씨가 큰 소리로 읽고 있었다,
어떤 이야기를, 누구에 관한 것인지는 모를.
그리고, 그 이야기를 듣기 위해,
한 귀부인이 그곳으로 와 팔꿈치를 괴니
바로 그녀의 모친이었고,
그 영주는 그녀의 부친이었다.[1]

중세의 경우, 읽을 줄 아는 사람이라 하더라도 자신이 직접 책을 읽는 일은 별로 없었고, 이는 지극히 드문 경우가 아니었다. 사람들은 다른 사람이 읽는 것을 듣는다. 가난한 자들은 광장에서 종글뢰르가 하는 이야기를, 힘을 가진 이들은 자신의 커다란 연회실에서 그의 전속 사제가 하는 이야기를 듣는다. 장 프루아사르(Jean Froissart)는 그의 《연대기》(*Chroniques*)에서, 1388년 가을 오르테즈(Orthez)에서 머물렀을 때, 자신이 쓴 방대한 분량의 이야기인 《멜리아도르》(*Méliador*)를[2] 푸아(Foix)의 영주였던 가스통 페뷔스(Gaston Phébus)에게 들려주기 위해, 매일 저녁 성으로 올라가곤 했다는 사실을 자랑스럽게 들려준다.[3]

모든 것이 들려진다: 노래들은 물론이고, 마찬가지로 시

들, 속어로 된 이야기들, 연대기들, 성사(聖史)들이.[4] 그렇다, 그런데 저 노래들, 시들, 이야기들, 연대기들, 우리 또한 이것들을 안다. 우리가 이것들을 아는 것은 바로 저 노래들, 시들, 연대기들 등을 우리가 읽을 수 있기 때문이다. 이것들이 글로 적혀져 있기에, 우리는 이것들을 읽을 수 있다. 사람들은 저 노래들, 시들, 이야기들, 연대기들 등을 여러 필사본들에(인쇄술은 아직까지 발명되지 않았다), 양피지 위에 손으로 옮겨 적었으며, 그리고 중세 말에는 종이 위에 손으로 베껴 적었다.

사람들은 저 노래들, 시들, 이야기들, 연대기들, 성사들을 하나씩 하나씩 옮겨 적었다. 중세 문학은 들려지기 위해 만들어진 것이다. 사람들은 귀를 통해 중세 문학을 누린다. 하지만 중세 문학은 쓰여진 글을 통해 보존되며, 글을 통해 전파된다. 필사본에 채색(彩色)을 할 때, 손에서 손으로 전해 볼 때, 다시 옮겨 적기 위해 빌릴 때, 사람들은 필사본들을 읽고 주시한다.

중세 세계는 무엇보다도 구어의 세계이다. 중세 세계는 무엇보다도 문어의 세계이다. 두 가지 사실 모두 진실이다.

구어의 세계: 문학은 오직 목소리를 통해서만 생명력을 얻는다. 문학은 구전으로 전승된 여러 신화들과 전설들을 자양분으로 삼는다. 공문서들 혹은 종교적인 문서들 전부가

말로 표명되거나 선포된다.

문어의 세계: 이를 증거하는 것이, 바로 글로 적혀 봉인된 현장이다. 종교는 기록된 경전, 즉 성서(聖書)에 근거를 둔다. 또 모든 인간의 행동들은, 사람들이 말하기를, 최후 심판의 날에 만들어질 한 권의 커다란 책 속에 기록된다. "글로 쓰인 한 권의 책이 나타나리라/그 책 안에는 모든 것이 담겨 있을 것이다"("Liber scriptus referetur/In quo totum continetur")라고 '진노의 날'(Dies irae)에서는 노래한다.

구어의 세계이자 동시에 문어의 세계인 한 세계가 우리에게 놀라운 것인가? 지금 우리가 사는 세계만큼 이미지들과 소리들로 넘쳐나는 그런 세계, 그러나 읽는 법도 모르고 쓰는 법도 모르는 자는 배제된 그런 세계라고 말할 수 있지 않을까?

하지만, 중세의 경우 개별적인 독서가 행해지지 않았다고 했던 내 말은 과장된 것이다. 묵독(默讀) 역시 그렇다. 성 아우구스티누스(saint Augustin)는 4세기 말에 이미, 그의 스승이던 성 암브로시우스(saint Ambroise)가 입술을 움직이지 않고 책을 읽는 것을 보고 경탄하였다.[5] 그의 놀라움은 그 기량에 상응하는 것이었다. 하지만, 이 위대한 성인들 또 위대한 지식인들까지 거슬러 올라가지 않아도, 우리의 소박한 '바느질 노래' 가운데 한 편에서 이런 여주인공 한 명의 모습을 찾아볼 수 있다.

> 아름다운 도에트 창가에 앉아 있네,
> 그녀 그곳에서 책을 읽지만, 그녀 마음은
> 다른 곳에 있다네.
> 그녀는 제 연인 둔을 떠올리네,
> 낯선 땅으로 출전(出戰)한 그를.
> 그리고 지금 나는 이를 슬퍼하네![6]

가엾은 도에트, 아마 그녀는 입술을 움직이며 책을 읽고 있음에도 불구하고, 책에는 거의 주의를 기울이지 않는다. 하지만 여하튼 간에, 그녀는 책을 혼자서 읽고 있다. 이때가 13세기였다.

16

먼 곳의 사랑

다시 트루바두르들 이야기로 돌아오자. 트루바두르들과의 헤어짐은 사람들에게 애석함을 남긴다. 중세 역시 이들을 떠나보내는 데 그렇게나 큰 안타까움을 가졌기에, 그들의 시는 한참 뒤에야 아름다운 필사본들 안에 한데 모이게 된다. 이는 13세기 말과 14세기, 트루바두르들의 위대한 시대가 이미 지나갔을 때의 일이다. 또 사람들은 그들의 삶과 어떤 정황 속에서 그들의 노래들이 만들어졌을지에 대한 이야기들도 여러 필사본들 안에 옮겨 적음으로써, 그들에 대한 기억을 간직했다. 이 이야기들은 바로 노래들 자체에서부터 풍성히 꾸며졌다. 이 이야기들을 역사적 진실로 신뢰할 수는 없다. 그러나 시적 감성 면에서는 이 이야기들을 믿을 수 있다.

트루바두르들 가운데 한 명은 오늘날에도 여전히 잘 알려져 있다. 12세기 첫 3분기에, 대여섯 편의 시를 남겼고, 그 가운데 세 편에서 어느 '멀리 떨어진 사랑'(amour lointain), 어느 '머나먼 땅의 사랑'(amour de terre lointaine)에 대한(이 시들 가운데 한 편의 시작 부분을 얼마 전 전 우리는 읽었다) 고통스러운 그리움을 노래한 트루바두르인 조프레 뤼델의 이야기가 바로 그것이다. 그의 〈전기〉(vida), 즉 그의 생애는 그의 시에서 발견되는 몇몇 세부 내용("나 저 곳의 순례자가 되고 싶어라, 그러면 내 지팡이와 두건이 아름다운 그녀 두 눈의 주시를 받았으련만"["Je voudrais être pèlerin là-bas, pour que mon bâton et ma couverture fussent contemplés par ses beaux yeux"],[1] "그녀를 위해, 사라센인들의 땅에서, 포로로 불리기를 원하노니"["Pour elle, au pays des Sarrasins, je voudrais être appelé captif"][2])을 과장하여 기술한 것처럼 보인다.

블라이(Blaye)의 조프레 뤼델은 명문 귀족 출신으로 블라이의 영주였다. 그는 안티오키아(Antioche)에서 돌아온 순례자들에게서 트리폴리(Tripoli) 백작 부인의 미덕을 전해 듣고는, 그녀를 본 적이 없었음에도 불구하고 반하게 된다. 또 그는 그녀를 두고 많은 시를 지었으니, 그 곡조는 아름다우나 가사는 소박했다.[3] 또 그녀를 보고 싶은 욕망에 끌려, 그는 십자군에 참가해 바닷길을 항해했다. 선상(船上)에서 그는 병에 걸렸고, 트리폴리에 도착했을 때, 거의 죽었다고 여길 지경인 상태로 어느 여인숙에 옮겨졌다. 사람들이 이 사실을 백작 부인에게 전하자 그녀가 그를 찾아왔고, 그가 누워 있는 침상까지 와서 그를 자신의 두 팔로 안았다. 그러자 그는 그녀가 백작 부인임을 알아차렸고, 청각과 후각을 되찾았으며, 그녀를 볼 수 있을 때까지 그의 생명을 유지시켜 주신 신께 찬사를 바쳤고, 그렇게 그녀의 품 안에서 숨을 거두었다. 그녀는 지극한 예우를 다해 그를 성당 수도원에 묻어주었고, 그런 연후 그의 죽음에서 받았던 괴로움 때문에 그날로 수녀가 되었다.[4]

이 이야기를 완전한 허구로 여길 일체의 타당한 근거들은 따로 언급하지 않겠다. 하지만 이 이야기는 오늘날까지도 꿈을 꾸게 만드는, 또 시인들을 매료시키는 그런 아름다운 허구이다. 낭만주의자들이 받아들인 먼 곳의 사랑은, 어떤 것도 바라지 않지만 그렇다고 해서 열렬함이 덜하거나 사랑의 변함없음이 바뀌지도 않는, 숭고하고 희생적인 어떤 사랑의 정점이었다. 그러나 조프레 뤼델 자신이 쓴 시들은, 동시에 투명하면서도 신비로운 어떤 꿈속에 잠겨 있는 듯함에도 불구하고, 보이는 것만큼 지고지순한 것은 아니다. 그의 시들은 욕망의 괴로움과 채워지지 않은 쓰라림을 말한다. 이렇듯, 결국 지극히 유명한 시 〈5월 날들이 길 때〉(Lancan li jorn son lonc en mai)에 오면, 전편에 걸쳐, 가슴을 후비듯, '머나먼'(de loin)이라는 말이 각 시연의 두 번째, 네 번째 행의 끝에 되풀이된다.

신이시여, 오고 가는 삼라만상을 만드셨던,
저 먼 곳의 사랑을 만드셨던 분이여,
제게 힘을 주소서, 왜냐하면 제가 갖고 있으니,
저 먼 곳의 사랑을 보고파 하는 욕망을,
직접, 그리도 즐거운 저 처소에서,
방과 정원이
내게 늘 어느 궁전 같을!

그의 말 옳으니, 먼 곳의 사랑을 내가
탐하고 갈구한다 이르는 이,
어떤 다른 즐거움도 나를 이토록 기쁘게 하지 못하니,
먼 곳의 사랑이 주는 즐거움만큼.[5]
허나 내가 희구하는 것 내게 금해졌으니,
이는 나의 대부께서 그런 운명을 던지셨기에,

사랑하도록 그러나 사랑받지 못하도록.[6]

어느 청춘이 이 구절들을 말하지 못할까? 이때가 12세기였다.

17

즐거움과 고통

행복하든 불행하든, 사랑은 열광과 고통이 혼합된 그런 것이다. 그런데 가장 극심한 고통은 타인의 즐거움을 부러워하는 것이다. 트루바두르들은 이를 되풀이해 이야기하며, 조프레 뤼델의 〈전기〉처럼 그들의 시를 바탕으로 만들어진 소위 전기적인 이야기들은 분명 더욱더 그러하다.

사랑의 고통스러운 즐거움, 트루바두르들에게는 이를 이야기하기 위한 단어가 하나 있었다. 그것이 바로 남성 명사인 '즐거움'(joi)이었고, 이 말은 여성 명사인 'joya'와 혼동되어 사용되지 않는다. 조프레 뤼델은, 이번에도 역시 이 시인을 예로 들자면, 채우지 못한 사랑의 실망스러움 그리고 이루지 못한 관능적인 꿈의 기쁨을 말하기 위해 'joi'라는 말을 쓴다.

이 사랑 때문에 나는 불안함에 빠져 있으니
깨어 있을 때에도, 또 잠들어 꿈을 꿀 때에도:
나 그때 경이로운 '즐거움'을 느끼니,
이는 그녀와 더불어, 쾌락을 주고받으며, 즐기기 때문.[1]

타인의 기쁨에 대한 부러움의 경우, 이는 가장 유명한 트루바두르가 쓴 가장 널리 알려진 노래의 첫 소절에서 드러난다. 바로 베르나르 드 방타두르(Bernard de Ventadour)가 쓴 종달새의 노래에서.[2]

내가 보게 될 때, 종달새가 기쁨에 충만해
햇살을 향해 날개짓 치며 날아오르는 것을,
그리고는 제 마음 속에 찾아든 감미로움으로 인해
제 자신을 망각하고 제 몸 추락하게 내버려둘 때,
아아, 얼마나 큰 부러움 내게 생기는지
누구든 즐거움을 향유하는 이들 보면서!
그 즉시 나 놀라게 되네,
내 마음 욕망에 뭉클해지지 않는 것에.[3]

종달새의 겉보기에 자살하려는 듯 보이는 몸짓, 돌연 날

개를 다시 접고 돌처럼 스스로를 떨어지게 내버려두는 행동을, 시인은 죽음과 결부시키는 대신 쾌락의 절정, 사랑의 즐거움과 연관시킨다. 시인이 생각하기에, 종달새로 하여금 스스로의 의식을 잃게 만든 것은 다름 아닌 "그 마음 속에 찾아든 감미로움"이다. 따라서 이러한 광경이 그에게 불러일으킨 감정은 "즐거움을 향유하는 것을 그가 보게 되는 모든 이들에 대한 부러움"이다.

이러한 주제에 대해, 트루바두르들에 관한 전기들은 지극히 기이한 일화들을 만들어낸다. 일례로, 다음과 같은 것을.

트루바두르 기옘 드 발라윈(Guilhem de Balaün)은 행복한 사람이었다. 조자크(Jaujac)의 영주 부인 기옐마(Guilhelma)와 그는 서로 사랑하는 사이였고(순수한 것이든 아니든 간에, 이를 알기는 힘들다. 무엇보다도 오늘날 우리가 두게 될 경계와 과거의 그것이 달랐기에 말이다),[4] 그의 벗 페이르 드 바르자크(Peire de Barjac) 역시 조자크 성의 다른 귀부인 비에르네타(Vierneta)와 변함없는 사랑을 이어가고 있었다. 어느 날, 페이르와 비에르네타가 서로 다투는 일이 생겼고, 기옘이 두 사람을 화해시킨다. 페이르는 기옘에게 고마움을 표하면서, 불화와 화해를 겪고 난 연후 두 사람의 사랑이 한층 더 비길 데 없어졌음을 털어놓는다. 이 말을 듣자마자 즉시 기옘은 기옐마와의 사이를 틀어지게 만들려 했다. 왜냐하면 뒤이어 그녀와 화해함으로써 자신도 저 더없는 기쁨을 맛보고 싶었기 때문이었다. 하지만 기옘의 의도와는 달리, 상냥하고 다정한 기옐마는 더없이 가혹한 모욕을 감내했고, 이로 인해 혹독한 고통을 겪어야 했지만, 그렇다고 해서 기옘의 예상처럼 화를 내지는 않았다. 그럼에도 불구하고, 결국 기옘의 가증스러운 처신에, 그녀는 진정 화를 내게 되었고, 그에게 돌이킬 수 없는 고별을 통보했다. 자신이 판 함정에 스스로 빠진 그가, 오랫동안 자신을 용서해줄 것을 기옐마에게 간청했지만 허사였다. 결국, 마음이 다소 풀린 기옐마는, 만약 그가 스스로의 새끼 손가락의 손톱을 뽑고 그것을 자신에게 가져온다면 용서받을 수 있을 것임을 기옘에게 전하게 한다. 기옘은 그렇게 했다.[5]

고통과 즐거움에 대해, 상대에게 고통을 주고 자신을 고통스럽게 하는 기쁨과 분노에 대해 주석을 붙일 필요는 없다. 이야기는 설명을 필요로 하지 않는다. 이때가 13세기였다.

18

아서 왕

브리튼 사람들은 아서 왕(roi Arthur)의 재래를 기다렸다. 비웃음을 받으면, 그들은 격한 성정이었기에, 결국 끝에 가서 난투극이 벌어지곤 했다. 연대기 작가 투르네의 헤리마누스(Herman de Tournai)의 말에 따르면, 1113년 벌어졌던 소동처럼 말이다.[1]

아서 왕의 재래… 아서 왕, 그가 실존하긴 했을까? 6세기 초, 그는 베이든(Badon) 산에서의 전투(Bellum in monte Badonis)에서 색슨족을 물리친 브리튼의 어느 수장(首長)이었을 터였다. 그런데 그에 관한 최초의 증언들은, 이 승리자를 거명하면서, 그가 켈트족의 일인이 아니라 암브로시우스 아우렐리아누스(Ambrosius Aurelianus)라는 이름의 로마인이라 말한다. 그가 '아서'라는 이름을 얻게 되려면 800년 무렵까지, 또 네

니우스(Nennius)가 쓴 것으로 추정되는 《브리튼족의 역사》(*Historia Brittonum*)가 나올 때까지 기다려야만 한다.[2] 그럼에도 불구하고, 이미 600년경, 아서라는 이름은 어느 웨일스 시에서 용맹함의 전형으로 인용되며, 최근 다시 발견된 어느 주화(鑄貨)에서도 발견된다.

이 모든 것이 참으로 불확실하다. 그러나 상관없지 않은가? 진짜 아서 왕은 이러한 역사적 환영이 아니라, 12세기 초 맘스베리의 윌리엄(Guillaume de Malmesbury)이 쓴 《영국 왕들의 행적들》(*Gesta regum Anglorum*, 1125)에서, 그리고 특히 웨일스 주교 몬머스의 제프리(Geoffroy de Monmouth)가 쓴 《브리튼 제왕사(諸王史)》(*Historia regum Britanniae*, 1136)에서 형성되고 굳어진 문학 속의 인물이다. 12세기 중반부터, 《브리튼 제왕사》를 두고 프랑스어 번역이 이루어지며(정복왕 기욤[Guillaume le Conquérant] 이래, 영국 궁정과 귀족은 프랑스어를 사용하고 있었다), 그 가운데 가장 유명한 것이 노르만계 성직자였던 로버트 웨이스(Robert Wace)의 그것이다. 이 책이 바로 《브뤼트 이야기》(*Roman de Brut*)이며, 브뤼트는 아이네이아스(Énée)의 증손자, 영국을 정복하고 영국의 초대 국왕이 되었던 인물로 추정되는 브루투스(Brutus)에서 온 이름이다. 《브뤼트 이야기》에서, 아서 왕, 그에 관한 역사와 그의 치세의 경이로움들은 균형

이 맞지 않는 큰 비중을 차지한다. 이것이 아서 왕과 관련된 문학적 평가의 첫 시작이 된다.

아서 왕 치세의 경이들: 아서 왕의 세계는 켈트 전설들과 고대의 기억들이 혼재된 경탄이사(驚歎異事)의 세계이다. 사람들은 이를 오롯이 믿지는 않는다. 플랜태저넷 왕가의 시조인 헨리 2세(Henri II Plantagenêt)의 궁정에서, 신중한 사가들과 왕 자신도 이 이야기에 웃음을 짓는다. "이 아서가 바로 브리튼 사람들이 오늘날까지도 그에 대해 터무니없는 이야기들을 만드는 인물이다"[3]라고 맘스베리의 윌리엄은 적는다.[4]

사람들이 아서 왕에 관한 이야기들을 전적으로 믿은 것은 아니지만, 그들은 이 이야기에 매료되었다. 웨이스 역시 매혹을 느낀다: 그는 자신의 전범(典範)에 이야기를 더욱 덧붙이며, 원탁(Table ronde)에 대한 이야기를 최초로 전하는 인물이 된다. 그러나 그 역시 이를 전적으로 믿은 것은 아니다.

> […] 원탁(圓卓),
> 이를 두고 브리튼 사람들 숱한 허구의 이야기를 지어냈으니.[5]

웨이스는 다른 작품에서, 저 유명한 바랑통(Barenton) 샘을 찾아간 자신의 탐방이 기대에 어긋났음을 말한다: 그는 샘의 테두리 돌에 많은 물을 뿌렸고, 이로 인해 유례없는 폭풍우가 시작되어야 했으련만, 아무런 일도 일어나지 않는다. "어리석게 나 찾아왔다가, 어리석게 나 되돌아가네"("Bête j'étais venu, bête je suis reparti.").[6] 아서 왕의 치세를 특징짓던 경이로운 모험들에 대해, 그는 다음과 같이 적는다.

> 내가 여러분들에게 이야기한 오랜 평화 시절에,
> 여러분들이 이를 들어본 적 있는지는 나 알 수 없으나,
> 여러 경이로운 일들이 일어났고,
> 많은 모험들을 볼 수 있었기에,
> 아서에 대해 그렇게나 사람들이 이야기한 나머지
> 모든 것이 지어낸 이야기가 되어버렸다:
> 전적으로 거짓도 아니고 전적으로 진실도 아닌,
> 전부 어리석은 것도 전부 지혜로운 것도 아니다.
> 이야기꾼들이 그토록 이야기했고
> 이야기를 지어내는 자들 그처럼 가상의 이야기를 만들었으니
> 자신들의 이야기를 치장하기 위해,
> 그들은 모든 것을 허구를 닮은 것으로 만들었어라.[7]

크레티앵 드 트루아(Chrétien de Troyes)가 몇 년이 지난 뒤 이

"전적으로 진실도 아닌, 전적으로 거짓도 아닌" 것의 증거를 보이게 될 것이다: 내가 여러분들에게 들려준 이야기가, 그는 말하리라, 필경 사실은 아니지만, 그래도 이 이야기에는 어떤 진실이 담겨 있다. 이 이야기의 의미는 진실한 것이다. 이렇듯 그는 현대적인 소설을 창안하게 될 것이다. 이때가 12세기였다.

19

홀로, 길 떠난 어느 기사가 그리하듯

6세기에 아서라는 이름으로 불렸던 어느 전사(戰士)들의 수장이 존재했다고 해서 혹은 존재하지 않았다고 해서, 바뀌는 것은 아무것도 없다. 아서 왕이 장구한 세기 동안 이야기와 상상계에 군림할 수 있었던 것은 바로 12세기의 한 이야기 작가, 즉 크레티앵 드 트루아의 뛰어난 재능 덕분이다.

크레티앵 드 트루아는 늘 지나간 일들을 잘 알고 있는 듯한 태도를 취한다: 아서 왕, 여러분 모두 그를 알며, 그의 이야기를 여러분에게 하는 것은 불필요한 일이다. 그런데 나는 여러분에게 아서 왕의 치세 아래, 아주 오래전에, 이제는 우리 시대가 아닌 어떤 시대에, 기사들은 용맹했고 연인들의 사랑은 한결같았을 때, 일어났던 이야기 하나를 여러분에게 들려주려고 한다.

이제 사랑은 지어낸 것이 되었다
왜냐하면 사랑의 어떤 것도 경험하지 못한 자들이
그들이 사랑하고 있다 말하기 때문, 하나 그들의 말은 거짓.
또 사랑을 거짓과 지어낸 것으로 만든 이들은
사랑하고 있다고 자랑스레 뽐낸다, 그럴 권리도 없으면서.[1]

크레티앵 드 트루아의 경우, 이야기를 하나 창안하는 것, 그것은 거짓을 말하는 것이 아니다. 거짓을 말하는 것, 그것은 겪지 않은 어떤 감정을 가장하는 것이며, 자기 자신을 속이는 것이다.

1170~1185년 무렵 사이에 크레티앵 드 트루아가 프랑스어로 쓴 운문으로 된 다섯 개의 이야기들은 모두 젊은 기사들을 등장시킨다.[2] 이들은, 그들의 모험 과정에서, 사랑을 발견하고, 자신을 직접 찾으며, 자신들의 운명이 또렷이 나타나는 것을 본다. 이 운명들 하나하나가, 크레티앵 드 트루아가 쓴 이야기들의 배경막과도 같은, 아서 왕 치세에서 일어났던 '브리튼의 모험들'(aventures de Bretagne)을 이루는 거대한 벽화의 한 가지 일화를 밝혀준다. 이들 영웅들 저마다 원탁의 가치들,—용기, 충성, 사랑을 위한 것인 동시에 사랑에 의해 증대되는 고아(高雅)함, 신의 은총을 받는 모든 것—에 합

당한 이가 되기를 열망한다.

> 브리튼의 고귀한 왕 아서,
> 그의 위업 우리에게 깨우쳐주니,
> 용맹하고 기사다워야 함을.[3]

이것이 조금 전 몇 행을 이미 인용했던 크레티앵 드 트루아의 네 번째 이야기,《사자를 거느린 기사》(*Le Chevalier au Lion*)의 첫 대목이다.

이러한 기사도의 가치들은 당대 귀족 사회의 그것이었다. 이는 프랑스 국왕 루이 7세(Louis VII)와 알리에노르 다키텐(Aliénor d'Aquitaine)—그녀 또한 우리의 오래 된 벗인 최초의 트루바두르 기욤 9세의 손녀였던—의 딸이자 크레티앵 드 트루아의 보호자였던 마리 드 샹파뉴(Marie de Champagne) 백작 부인의 그것이기도 했다.

이러한 가치들에 걸맞는 모습을 보이기 위해, 주인공은 홀로 모험을 떠난다. 크레티앵 드 트루아는 대단한 성공을 거두게 될 하나의 문학적 전형을 창안한다. 그것이 바로 길 떠난 기사(chevalier errant)이다.

길 떠난 기사는 전적으로 허구의 산물이다. 이러한 기사는 현실에 존재할 수 없다. 그가 마법에 걸린 성(城), 거인들, 비탄에 잠긴 젊은 여인들을—적어도 이 마지막 범주는 있을 수 있지만—만날 수 없을 터이기 때문이 아니라, 혼자서는 갑옷을 갖춰 입는 것이 불가능하고, 이렇듯 차려 입은 채 몇 날을 연이어 말을 타고 가는 것도 불가능하며, 전투마(군마[軍馬], destrier)를 의장마(儀仗馬, palefroi)처럼 사용하는 것도, 따라서 주인이 탄 군마의 재갈과 고삐를 오른손으로 잡고 끌고 가는—('오른쪽, 오른손'['destre']을 의미하는 데서) 군마 'destrier'라는 말이 나왔다—시종(侍從) 없이 지내는 것도 불가능하기 때문이다.

중세 말기가 되면, 사람들이 아서 왕과 관련된 전설을 주제로 삼은 축제들과 기마창시합(joute)들을 주최하게 되며, 여기에 참가한 이들은 원탁의 기사들의 이름을 붙이고, 그들의 모험들을 흉내내게 된다. 그러나 오직 돈키호테(Don Quichotte)와 같은 그런 광인(狂人)만이 정말로 길 떠난 기사가 되고자 하는 생각을 품을 것이다.

그럼에도 불구하고, 하여간에 《사자를 거느린 기사》에서, 기사 칼로그르낭(Calogrenant)은 모험의 노정에 선 자신의 모습을 다음과 같이 묘사한다.

지난날, 거의 6년 전,
어느 농부처럼 홀로,
나는 모험을 찾으러 나섰습니다.
내 무구(武具)들을 갖추고,
기사라면 응당 그렇게 해야 하듯.
오른쪽에 길 하나가 있는 것을 발견했습니다,
울창한 어느 숲 한복판에서.[4]

이것이 브로셀리앙드(Brocéliande) 숲이었다. 내일, 우리는 이 길을 계속 이어갈 것이다. 모험이 시작되었다.

이때가 12세기였다.

20

마법의 샘

브로셀리앙드 숲에서 우리는, 저 마법의 샘, 바랑통 샘을 여전히 볼 수 있다. 그러나 오늘날 여러분들이 샘의 테두리 돌에 물을 붓는다면, 900년 전의 웨이스에 비해 더 큰 성공을 거둘 수는 없을 것이다: 아무 일도 일어나지 않을 것이며, 또 웨이스처럼, 여러분들도 예전과 마찬가지로 실망한 채 떠나게 될 것이다. 반면에 여러분들이 크레티앵 드 트루아의 《사자를 거느린 기사》를 읽는다면, 또 칼로그르낭과 같이, 울창한 숲속으로 이어지는 풀이 무성한 오솔길을 택해 큰 길을 벗어난다면, 그때 모험이 여러분들을 기다리고 있다.

그런데 모험이란 무엇일까? 어느 황무지에서, 칼로그르낭은 어찌나 추악하게 생겼던지 사람이라고는 여겨지지 않는, 어찌나 힘이 넘치는지 야생 황소 떼를 마음대로 부리는 어떤 평민, 즉 한 농부를 발견한다. 칼로그르낭은 어느 곳에 가면 모험과 만날 수 있을지를 그가 아는지 물어본다. 농부는 모험이 무엇인지 자신은 알지 못한다고 대답하면서도,—모험, 이는 기사들을 위한 것이다—칼로그르낭이 길을 계속 가다보면, 새들이 노래하는 어느 큰 소나무 아래에서 신비한 샘을 보게 될 것이라 말한다. 샘의 테두리 돌에 물을 붓기만 하면, 그는 보게 되리라… 칼로그르낭이 본 것은 바로, 새들이 노래를 그치고, 하늘이 어두워지더니, 무시무시한 폭풍우가 휘몰아치고, 숲에서 한 흑기사가 나와, 그와 겨룬 뒤 그를 낙마(落馬)시킨 뒤 되돌아가는 것이었다.[1]

이 모험이 "그의 영예를 위한 것이 아니라 그의 치욕을 위한"("non à sa gloire, mais à sa honte") 것임에도,[2] 겸손한 칼로그르낭은 이를 꺼리지 않고 아서 왕의 궁정에서 들려주며, 이야기를 들은 사람들은 모두 즉시 모험을 감행하러 가리라 마음먹는다.[3] 그런데 그의 사촌 이뱅이 그 영예를 차지하고자 한다. 그는 다른 이들보다 먼저 출발하며, 농부와 샘 그리고 폭풍우를 보게 된다. 이뱅은 흑기사와의 대결에서 승리자가 되며, 상처 입은 흑기사를 그의 성까지 뒤쫓아, 그의 뒤를 따라 성내로 들어가고자 한다. 이뱅이 들어오는 것을 막으려고 내리닫이 살문(격자문)을 내리지만, 찰나의 차이로, 살문은 이뱅의 등 바로 뒤에 내려진다. 이뱅이 탄 말은 두 동강이 나지만, 이뱅은 성 안에 들어온다. 그때 그의 앞에 있던 또 다른 내리닫이 살문이 내려와, 그는 갇히게 된다. 아니, 그는 갇히지 않는다. 한 젊은 처녀가 나타나, 그에게 모습을 보이지 않게 하는 반지 하나를 주며, 그를 숨겨준다.[4]

이 처녀가 바로 이 성의 마님이자 상처로 인해 조금 전 막 숨을 거둔 흑기사의 아내였던 로딘(Laudine)의 시녀, '작은 달'(Petite Lune)이라는 뜻의 이름을 가진 뤼네트(Lunete)였다. 흑기사를 죽인 자가 성내에 있다는 것은 확실했다. 두 동강이 난 이뱅의 말이 이를 증거한다. 미망인은 남편의 복수를 하기 위해, 그를 찾게 한다.

내가 2분에 걸쳐 매우 빨리 또 매우 서투르게 이야기한 모든 것, 이를 크레티앵 드 트루아가 이야기하는 대로, 특유의 음악적이면서 압축적인 시구(詩句)들의 빠른 연쇄들을 가진, 유머와 신비로움 속의 저 경쾌함을 가진, 동시에 굽이치면서도 유려한 그의 방식에 따라, 읽어야만 한다. 그의 이야기를 직접 읽어야 한다. 여러분들은 그리한 것을 후회하지 않을 것이다.

이뱅은, 은신처에서, 남편의 죽음을 한탄하는 로딘을 보게 되며, 미친 듯이 그녀에 대한 사랑에 빠진다.[5] 이뱅이 털어놓은 속내 이야기를 들은 영악한 뤼네트는 절망에 빠진 미망인에게, 그녀의 말에 아랑곳하지 않고, 죽은 남편보다 더 뛰어난 기사가 있다는 점을 설득시킨다. 그가 바로 남편을 죽인 자이며, 이 성 안에 몸을 숨기고 있는 자이다.[6] 요컨대, 뤼네트가 그토록 설득한 결과, 사흘 후 이뱅과 로딘은 혼례를 올리며, 바로 때맞추어 새로운 샘의 수호자가 된 이뱅은 샘의 테두리 돌에 물을 붓고 폭풍우를 일으킨 집사 쾨(Keu)를, 아서 왕과 그의 모든 기사들이 보는 앞에서 낙마시킨다.

그렇다면 이야기는 끝난 것일까? 아니다. 이야기는 이제 시작된다. 한 편의 이야기가 완성되려면, 사랑에 의한 결혼 한 가지만으로는 충분하지 않으며, 한 가지 성공이 있으면 그만큼의 대가를 치루어야만 하는 법이다. 이것이 바로 크레티앵 드 트루아가 자신의 거의 모든 이야기들에서 주는 교훈이다. 그가 힘주어 강조하지 않고 넌지시 알리는 한 가지 교훈. 그렇지만 이 교훈은 우리의 주목을 받을 만하니, 그것은 이 교훈이 우리에게도 가치있는 것이기 때문이다.

이 교훈은 우리에게도 유익하니, 이때가 12세기였다.

21

부부 사이의 사랑이 허구의 이야기의 소재가 될 법한 것일까?

한 편의 이야기를 마무리하기 위해서는 사랑에 의한 결혼만으로는 충분하지 않으며, 하나의 성공에는 상응하는 그만큼의 대가가 있는 법이다.

이뱅은 로딘과 결혼했다. 그는 이제 새로운 성주(城主)이며 샘의 수호자이다. 하지만 그의 벗 고뱅(Gauvain), 아서 왕의 조카, 매력적인 고뱅, 유혹하는 자,[1] 부추기는 자, 그가 이뱅에게 숲속 깊은 곳에 있는 이 성에 틀어박혀 있기에는 그가 너무 젊다고 말한다. 부디 그가 부인에게 일 년 동안의 말미를 청하기를!

그리고 이 일 년이라는 시간은, 마상시합과 축연들 속에서 마치 하루처럼 지나간다. 이뱅은 정해진 기한을 잊어버린다. 로딘은 이뱅을 내친다. 그는 이로 인한 고통에 광인이

된다. 그녀를 되찾으려면, 이야기 전편에 걸쳐, 무수한 시련들과 무수한 고난들이 필요하리라.

크레티앵 드 트루아의 첫 번째 작품인《에레크와 에니드》(*Erec et Enide*)는,《사자를 거느린 기사》의 그것과 유사한 전개를 따르고 있다. 에레크는 에니드에게 반하며, 별반 어려움 없이 그녀를 얻게 된다. 그녀를 데리고 궁정으로 다시 돌아오자, 아서 왕과 왕비 그니에브르(Guenièvre)는 그녀를 위한 축하연을 궁정에서 베푼다. 그들은 혼례를 올린다. 그는 선택된 자이다. 그들 두 사람은 젊고, 아름답고, 서로 사랑했다. 이것이 이 이야기의 시작 부분이다.

그런데 이 영원한 밀월(蜜月)로 인해 에레크는 기사의 의무들을 등한시하게 된다. 사람들은 이를 두고 수군거린다. 에니드가 이 사실을 알게 된다. 그녀는 이를 에레크에게 이야기한다. 말없이 에레크는 무구를 갖추고 떠나 모험을 찾아가는 기사의 노정(路程)에 오른다. 이 노정에서 에레크는 에니드에게, 자신의 뒤를 따르는 대신 마치 미끼처럼 자신의 앞에서 가기를 명한다. 무수한 모험들, 무수한 위업들, 무수한 시련들, 이 모든 것들의 끝에 이르러, 마침내 두 사람은 처음보다 더 하나가 된 서로를 발견한다.

성공, 갈망하던 것을 얻는 것은, 그 가치를 가늠하지 못한다면 아무 의미가 없다. 사랑에 빠지고 혼례를 올리는 것은 쉬운 일이다. 우리가 한 약속을 깨닫는 것 또 그 맹세가 담고 있는 것을 깨닫는 것은 어려운 일이다. 크레티앵 드 트루아는 이 교훈을 고지식한 도덕가처럼 부과하지 않는다. 이 교훈은 그의 모험 이야기들이자 연애 이야기들인《에레크와 에니드》와《사자를 거느린 기사》에서, 직접적으로 이를 다루는 것처럼 보이지 않는 방식으로 밝혀진다.

크레티앵 드 트루아는, 부부 사이의 사랑이 활짝 피어나는 가운데 자리잡는 관능을, 신중하고 우아하게 그러면서도 솔직하게 그릴 줄 안다. 에레크와 에니드의 혼례 초야(初夜)가 행복했던 것은 두 사람이 서로를 열렬히 원했기 때문인 동시에 에레크가 세심하고 부드러웠기 때문이다.[2] 위기(危機)가 생긴 것은 어느 날 아침이다. 두 사람은 사랑을 나누었고, 에레크는 다시 잠들었지만, 에니드는 그에 관해 퍼진 고약한 소문들 때문에 뜬눈으로 밤을 지새운다. 에니드는 에레크에게 눈물을 떨구고, 이것이 그를 잠에서 깨어나게 한다. 그는 아내에게 묻는다. 이것이 그가 몸 바치게 될 또 그가 결국 풀게 될 갈등과 길떠남의 발단이다. 마침내, 고난과 희생을 나누며 최후의 위험을 벗어난 그들은 새롭게 서로를 사랑하며, 이번에는 완전한 하나가 되어 서로서로를 더없이 염려한다.

이제 그들 나신(裸身)으로 침상에서
서로 끌어안고 입을 맞추니,
이토록 그들을 기쁘게 할 것 아무것도 없네.
이들 그렇게나 많은 고통과 슬픔을 겪었으니,
그는 그녀로 인해 또 그녀는 그로 인해!
이제 두 사람 그들의 고행(苦行)을 마쳤도다.
서로서로 앞다투어
상대방에게 지극한 즐거움을 주고자 하니
그 다음 일에 대해서는, 응당 나 입을 다물어야 마땅하리.[3]

사랑 이야기들이 얼마나 많은가! 결혼으로 끝나는 이야기들이 얼마나 많은가!불륜 이야기들이 얼마나 많은가! 그런데 부부 사이의 사랑 이야기들은 얼마나 드문가! 크레티앵 드 트루아의《에레크와 에니드》는 부부 사이의 사랑을 이야기한 지극히 드문 예의 하나이다. 이때가 12세기였다.

22

그랄

모든 사람이 그랄(성배[聖杯], Graal)을 안다. 사람들 모두 인디아나 존스(Indiana Jones)와 몬티 파이튼(Monty Python)이 나오는 영화를 보았다.[1] 모든 사람들이 그랄 탐색에 대해 어찌나 잘 알고 있는지 PSA 푸조 시트로앵 자동차 그룹(PSA Peugeot Citroën)의 연구 및 혁신 부서장은 어느 날 다음과 같이 공언할 수 있었다.[2] "실질적으로 영구성을 갖는 저가(低價)의 배터리를 실현시키는 사람은 그랄을 찾아낼 수 있을 것이다."

모두가 그랄을 안다. 그런데 누가 그랄에 대해 이야기했던 최초의 사람이었을까? 크레티앵 드 트루아, 이번에도 그인바, 그는 마리 드 샹파뉴가 아니라 필리프 달자스(Philippe d'Alsace)를 위해,[3] 1180년대 초에 쓴 자신의 마지막 이야기, 미완의 상태로 남겨진 《그랄 이야기》(*Conte du Graal*)에서 [그랄에 대한] 최초의 언급을 남긴다. 그가 어디에서 이 이야기를 발견했는지는 알 수 없지만—크레티앵 드 트루아는 다른 명확한 설명 없이, 플랑드르(Flandre) 백작이 그에게 보여주었을 것으로 보이는 어떤 '책'(livre)만을 언급할 뿐이다—,[4] 그의 언급에서부터 그랄은 전대미문의 성공을 거두게 되었다.

그러나 이 말에서 그랄이 구체적으로 무엇인지를 우리가 알 수 있는 것은 아니다. 아닌 게 아니라, 누가 이를 알 수 있겠는가?

'그랄'이라는 단어는, 드물게 사용된 것이기는 했지만, 보통명사이다. 그가 최초로 이 단어를 언급했을 때, 크레티앵 드 트루아는 정관사가 붙은 유일무이한 그랄(le Graal)이 아닌 부정관사를 사용한 어느 그랄(un Graal)을 말하며, 이 경우 그랄은 오목하게 파인 접시이며, 소스로 간을 맞춘 생선을 대접하는 데 전형적으로 사용되던 것이었다. 이 단어는 몇몇 특정 방언들 속에서 살아남아, 물통에서 돼지 여물통에 이르기까지 다양한 형태의 우묵한 그릇들을 지칭하는 데 사용되었다.

어떻게 생선을 담는 데 쓰이던 접시가 인디아나 존스가 찾아내는 또 13세기부터 벌써 필사본에 삽입된 미세화가 보여주는 것과 같은 일종의 술잔 형태의 것으로 바뀌게 된 것일까? 크레티앵 드 트루아가 우리에게 이야기한 것은 무엇일까?

어느 순진한 젊은이, 어머니의 보살핌을 받던 외진 곳을 벗어나 기사가 된 페르스발은, 어느 날 저녁 불구(不具)의 성주(城主)에게 이끌려 한 신비한 성에 유숙하게 된다. 저녁 식사를 하는 동안, 어느 기이한 행렬이 연이어 지나간다. 한 자루의 칼, 끊임없이 피를 흘리는 한 자루의 창, 그리고 마침내 그랄이.

양 손으로 그랄을
들고 있었다, 한 아가씨가.
[…]
그녀가 들고 있던 그랄과 함께
방 안으로 들어오자
지극히 찬란한 광채가 피어났고
촛불들은 빛을 잃었다
태양이 빛날 때 혹은 달이 뜰 때
별들이 그러하듯.
[…]
그들은 침상 앞을 지나쳐서,

또 다른 방으로 들어갔다.
젊은이는 그들이 지나가는 것을 보았지만
감히 묻지 못했다.
이 그랄이 누구에게 소용되는 것인지를.[5]

페르스발은 너무 뒤늦게야 이 질문을 하지 않았던 것이 자신의 과오임을 알게 될 것이다. 그는 몇 년에 걸쳐 그랄이 나타났던 성을 다시 찾으려 애쓰지만 허사(虛事)였다. 마침내 그는 그랄에 면병(麵餠, 성체의 빵), 자신을 [그날 저녁] 성에 머물게 해주었던 불구자의 부친인 늙은 왕의 유일한 양식이 담겨져 있음을 알게 된다. 하지만 이야기는, 정작 이 대목에서부터 병행되던 고뱅(Gauvain)의 모험들을 따라가며, 기대하던 그랄이 나타났던 성으로 페르스발이 귀환하기 전에 중단된다. 이 이야기의 여러 계승자(continuateur)들은 원래 이야기에 한없는 후속편(suite)들을 더하게 될 것이다.[6]

몇 해가 더 지난 뒤, 볼프람 폰 에셴바흐(Wolfram von Eschenbach)가 독일어로 쓴, 후일 바그너(Wagner)가 자신의 작품의 전거로 삼게 되는 이야기는 기이하게도 그랄을 일종의 돌[石]로 기술한다.[7]

그러나 그랄은 일종의 돌이 아니다. 그것은 우묵한 용기

(容器)이다. 그러던 가운데, 1200년 직후, 서두(書頭)를 니코데모(Nicodème) 외경(外經, Apocrypha)[8]에 의거한 로베르 드 보롱(Robert de Boron)이라는 어떤 인물의 이야기에서, 그랄은 매우 특별한 그릇으로 제시된다. 예수가 그의 제자들과 함께 했던 최후 만찬에서 사용되었던 술잔, 아리마태아의 요셉(Joseph d'Arimathie)이, 수난 이후, 예수의 성혈(聖血)을 받게 될 터인 그 잔으로. 로베르 드 보롱은 이어서 [마법사] 메를랭(Merlin)이라는 인물과 이서 왕의 탄생을 통해, 이와 같은 그랄의 선사(先史)를 브리튼에서 벌어지는 여러 모험들과 연계시킨다.

그때부터, 특히 13세기 동안 모든 이야기를 다시 쓰게 되는 무수한 산문 이야기들 속에서, 이와 같은 그랄의 기독교화가 확립된다.

기독교화에 대해 이야기할 필요가 있을까? 그랄은 애초에, 그리스-로마 신화에 나오는 풍요의 뿔 혹은 핀란드 신화에서 이야기되는 삼포(sampo)처럼, 켈트 신화의 풍요의 단지였던 것일까? 필경 그럴 것이다. 그렇지만 그랄을 언급하는 최초의 텍스트가 이미 그랄을 성체를 담은 성합(聖盒)으로 만들었다. 인디아나 존스가 옳았다.

이때가 12세기였다.

23

페르스발과 사랑

그랄은 신비한 물건이다. 크레티앵 드 트루아가 최초로 그랄에 대해 이야기한 인물이다. 크레티앵 드 트루아는 그랄에 바친 이야기인《그랄 이야기》에 어떤 의미를 부여하고자 했을까?

중세 작품의 프롤로그는 일반적으로 해당 작품을 어떤 취지에서 읽고 이해해야 하는지를 암시한다.《그랄 이야기》의 프롤로그는 이 작품의 후원자였던 플랑드르 백작 필리프(Philippe de Flandre)에 대한 칭송으로 구성되어 있지만, 특별한 의도가 없는 그런 찬사는 아니다. 복음서의 씨 뿌리는 사람의 비유에 의거해,[1] 크레티앵 드 트루아는 자신이 씨를 뿌린 이 이야기가 필리프 백작의 마음속에서 알맞은 토양을 찾을 것이며 열매를 거두리라 말한다. 그도 그럴 것이 백작이 기사에 걸맞는 자질들에 자비를 (다시 말해 타인들에 대한 이해 관계를 초월한 사랑) 더하고 있기 때문이다. 그리고 크레티앵 드 트루아는 신약(新約) 성서의 다음과 같은 구절을 인용하며 결론을 내린다: 사랑을 지닌 자는 신 안에 살며, 신도 그 안에 머문다.[2]

그런데 《그랄 이야기》는 정말로 사랑에 대한 이야기이다. 처음에, 젊은 페르스발은 단지 모든 것에 무지한, 기사도에 대해서도, 심지어 제 이름마저도 모르는, 그런 순진한 자에 그치지 않는다. 무엇보다도 그는 타인에게 관심을 기울이는 것이 불가능하다. 바로 이러한 이유에서, 그는 모든 것을 오해한다.

숲에서 사냥을 하던 중, 페르스발은 여러 기사들과 조우하게 된다. 그는 기사들에 대해 처음에는 두려움을 느끼고 이들을 악마들로 여기며, 이어서는 기사들의 모습에 매료되어 이들을 천사들로, 나아가 다름 아닌 신으로 생각하게 된다. 이들의 외면적 광채에 대해 우상 숭배와 같은 경의를 내보이면서 말이다.[3]

당신은 신이신가요? ―분명 그렇지 않네.

당신은 누구신가요? ―나는 기사라네.

저는 기사를 안 적이 없습니다

젊은이는 말한다, 기사를 본 적도 없습니다

또 기사에 대해 이야기하는 것을 들어본 일도 없습니다.

그런데 당신은 신보다 더 아름다운걸요

아! 제가 이렇듯 빛나고 이렇게 만들어진

당신처럼 될 수 있다면.[4]

기사는 페르스발에게 정보를 구한다. 페르스발은 그의 말을 듣지 않고, 그의 말에 답하지 않으며, 그저 제 자신의 궁금증만을 채울 생각밖에는 하지 않는다. 페르스발은 자신 또한 기사가 되기 위해 어떻게 하면 그와 같은 무구를 갖출 수 있는지를 알고자 한다. 따라서 이런 방식으로 진행된 대화 결과, 자신에게 말을 건네던 상대방의 질문에 건성으로나마 부분적으로 답을 하게 되었을 때에야 페르스발은 자신이 던진 질문의 답을 들을 수 있게 된다.

"기사로 서임시켜 주는 국왕"(le roi qui fait les chevaliers)인 아서 왕을 찾아가기 위해 마침내 그는 길을 나선다. 페르스발은 그가 출발할 때 고통스러워 털썩 쓰러진 자신의 어머니에 대해서도, 그가 강제로 입 맞추었고 또 연인의 질투에 직면하게 만든 어느 젊은 처녀에 대해서도, 붉은 갑옷의 기사에게 모욕을 당한 아서 왕 자신에 대해서도, 포위된 성에 남겨진 매혹적인 블랑슈플뢰르의 근심에 대해서도 아무런 관심을 기울이지 않는다. 그랄 행렬 앞에서, 페르스발이 구원의 질문을 하지 않는다 한들 무엇이 놀랄 일이겠는가?

이야기는 페르스발의 침묵에 대해 두 가지 이유를 제시한다. 첫 번째 이유는, 타인들에 대해 갖는 관심에서 생겨난 질문들과 이기적인 어떤 호기심에 의해 유발된 그것들을 구별하지 않은 채, 끊임없이 질문을 던지는 것을 삼가할 것을 자신에게 권했던 충고를 페르스발이 따랐기 때문이다. 두 번째 이유는, 페르스발이 떠남으로써 생겨난 슬픔에 목숨을 잃게 된, 그의 어머니의 죽음에 대한 과오가 페르스발에게 있기 때문이다. 그도 그럴 것이 도개교 앞에서 어머니가 쓰러지는 것을 페르스발이 보았을 때, 그는 어머니에 대해 걱정하지 않았으니 말이다. 페르스발이 어떻게 어부 왕(le Roi Pêcheur)에게, 볼프람 폰 에셴바흐(Wolfram von Eschenbach)의 이야기에서처럼, "당신의 고통은 무엇입니까?"("Quel est ton tourment?")라고 질문할 수 있었겠는가.[5]

에레크(Erec)와 이뱅(Yvain)이 열정의 무의식 상태에서 혼례를 치른 이후, 그들이 했던 약속의 의미를 찾아가야만 했던 것과 마찬가지로, 또 한층 더 나아가, 미성숙한 어떤 자기 중심주의의 무의식 상태에서 우연히 그랄 성에 다다른 페르스발은, 타인에 대한 배려라는 고통스러운 입문 수련의 끝에 가야만, 그랄 성으로 다시 돌아가기를 바랄 수 있게 될 뿐이다.

이러한 사실, 이를 말한 것은 내가 아니라 철학자 시몬 베유(Simone Weil)이다: "배려는 너그러움의 지극히 순수한, 지극히 드문 형태이다. 요컨대 이것이 그랄 이야기의 주제이다. 오직 숙명을 타고난 존재만이 타인에게 '당신의 고통은 무엇입니까?'라는 질문을 던질 수 있는 능력을 갖는다. 그런데 그가 그런 능력을 태어나면서부터 갖는 것은 아니다. 그는 여러 해 동안 어두운 밤을 겪어내야만 한다."[6]

시몬 베유는 1942년에 이 구절을 시인 조에 부스케(Joë Bousquet)에게 적어 보냈다. 크레티앵 드 트루아와 볼프람 폰 에셴바흐, 그때는 12세기였다.

24

트리스탕과 이죄, 서로를 사랑하기 위해 그들은 미약을 필요로 했을까?

트리스탕과 이죄(Tristan et Iseut)의 전설은, 매우 종종 또 매우 일찍부터 중세 시에서 언급되곤 했다. 이 전설은 사람들을 매혹시켰고, 심지어 사로잡았으며, 또한 불안하게 했다. 왜냐하면 트리스탕과 이죄의 불륜의 사랑은, 트리스탕이 자신의 삼촌이자 은인인 콘월(Cornouailles)의 마르크 왕(le roi Marc)의 아내, 마르크 왕의 이름으로 왕을 대신해 그가 쟁취하러 갔던 그 여인을 취한 사실로 인해 더욱 무거워지기 때문이다.[1] 아니 무엇보다도 그들의 사랑이 어떤 미약(媚藥), 일종의 마약(痲藥), 아일랜드의 왕비가 자신의 딸과 장래의 사위 마르크 왕을 위해 만들었으나 트리스탕과 이죄가 콘월로 향하던 선상(船上)에서 실수로 마신 저 "약초(藥草)로 빚은 포도주"(vin herbé)에 의해 인위적으로 야기된 것이기 때문이다.

"그대들이 마셨던 것은 바로 그대의 죽음"("C'est votre mort que vous avez bue")이라고 시녀 브랑갱(Brangain)은 두 사람에게 말한다.

트리스탕과 이죄의 전설에는 두 개의 주된 버전이 존재한다. 하나는 '원형(原型)판'(commune)이라 불리며, 다른 하나는, 분명 잘못된 부당한 명칭이지만, '궁정판'(courtoise)이라 칭해진다.[2] 원형판의 경우, 미약의 효과는 시간의 제약을 받는다(3년 혹은 5년). 궁정판의 경우, 미약의 효과는 평생 동안 유지된다. 현대적인 감성은 후자를 선호했다. 조제프 베디에(Joseph Bédier)가 이 전설에 대한 그의 유명한 번안에서 택한 것이 바로 이것이며, 고트프리트 폰 슈트라스부르크(Gottfried von Strassburg)의 이야기에 근거해 만들어진 바그너의 오페라가 택한 것도 다르지 않았다. 여기서 미약은 절대적인 사랑, 일생을 거는 영원한 그런 사랑의 상징처럼 나타난다. 3년 동안 지속되는 절대적인 사랑, 이것은 무엇을 닮은 것일까?

그런데 원형판의 첫 증인인 베룰(Béroul)의 이야기를 읽노라면, 두 가지 사실에 주목하게 된다. 우선, 일시적인 효과를 지닌 이 미약은 진정 일종의 마약에 다름 아니며, 트리스탕과 이죄는 마약에 취한 것이다. 그들에게는 책임이 없다. 바로 이것이, 서로 헤어질 것을 권하는 은자(隱者) 오그랭(Ogrin)에게 이죄가 말하는 것이다.[3]

> 그는 저를 사랑하지 않고, 또 저도 그를 사랑하지 않습니다.
> 약초로 빚은 포도주 때문이 아니었던들, 제가 마셨던
> 또 그도 마셨던, 이것이 잘못이었습니다.[4]

"그는 저를 사랑하지 않고, 저 또한 그렇습니다"("Il ne m'aime pas ni moi non plus")라고 트리스탕에 대해 말하는 이죄, 그럼에도 불구하고 이 말은 진부하지 않다.

다른 한편, 미약의 효력이 다한 바로 그 순간, 트리스탕과 이죄는 응당 서로 사랑하는 것을 멈추어야만 한다. 그런데 일어난 일은 그렇지 않았다. 트리스탕은 모루아(Morrois) 숲, 그들이 몸을 피했던 곳에서 사슴을 사냥하던 중이었다. 마치 꿈에서 빠져나온 것처럼, 그는 돌연 멈춰 선다. 처음으로 그에게 찾아온 생각은, 삼촌의 궁정에서 기사로 있어야 마땅할 자신이 추방자의 삶을 살고 있다는 것이었다.[5] 하지만 이어서 바로, 그는 이죄에 대해 생각한다.

> 왕비로 인해 내 마음 무거우니,

그녀에게 방장(房帳) 달린 침상 대신 오두막을 주었구나.

그녀 지금 숲에 있구나, 측근들과 함께

비단 천들 내리운 훌륭한 방들에

머무를 수 있었거늘.

나로 인해, 그녀 잘못된 길을 들었구나.[6]

미약의 영향이 유지되는 동안, 트리스탕과 이죄는 서로 상대방 없이 혼자서는 살아갈 수 없었다. 서로 사랑함으로써, 그들은 저마다 스스로의 삶을 지킨다. 하지만 미약의 힘이 사라지자, 이제 트리스탕도 이죄도 먼저 상대방의 삶을 생각한다. 그들이 진정 서로를 사랑하는 것은 바로 이때부터이다. 이제, 그들은 은자 오그랭을 보러 되돌아갈 또 서로 헤어질 힘을 얻게 된다.

이 시기의 여러 사랑 노래들 속에서, 시인은 자신의 사랑이 트리스탕의 그것을 능가하는 것임을 강조하며, 트리스탕이 미약의 속박(束縛) 아래 이죄를 사랑하는 반면, 시인 자신은 그가 선택한 여인을 자유롭게 사랑한다는 점을 밝힌다. 마찬가지로, 크레티앵 드 트루아는 우리에게 전해지는 그의 두 편의 노래들 가운데 한 편에서 이렇게 말한다.

결코 나는 물약을 마시지 않았네
트리스탕을 중독시켰던 그것을.
대신 내 신실한 마음과 내 솔직한 의향은
나를 사랑하게 만들었네, 그보다 한층 더.[7]

당대의 시인들은 트리스탕과 이죄 전설의 주요 쟁점들 가운데 하나를 잘 알고 있었다. 드니 드 루즈몽(Denis de Rougemont)이 그의 널리 알려진 책《사랑과 서구(西歐)》(*L'Amour et l'Occident*)에서 썼던 것과는 반대로,[8] 트리스탕과 이죄의 사랑은 시인들에게 본보기이기보다는 일종의 주의해야 할 것이었다.

이때가 12세기였다.

25

무엇 때문에 흰 손의 이죄와 결혼하는가?

트루바두르 베르나르 드 방타두르가 "누구든 즐거움을 향유하는 이들 보면서 부러움을 느낀다"("envieux de quiconque il voit jouissant")고 말했던 것을 아마 여러분들은 기억할 것이다.[1] 이 부러움을, 영국의 토마(Thomas d'Angleterre)는 인상적인 한 대목에서 트리스탕이 갖게 만든다. 우리에게 전해지는 토마의 이야기가 몇몇 단장(斷章)들뿐인 것에 비해, 이 대목은 잘 보존되어 전해졌다.

트리스탕은 이죄를 마르크 왕에게 돌려보냈고, 자신은 삼촌의 궁정에서 쫓겨났다. 그는 소(小)브르타뉴(Petite Bretagne), 즉 프랑스의 브르타뉴 지방에서 카레(Carhaix)의 영주를 섬기게 되고, 영주의 아들 카에르댕(Kaherdin)과 우의(友誼)를 나눈다. 카에르댕에게는 누이가 한 명 있었고, 그녀의 이름은 흰 손의 이죄(Iseut aux Blanches Mains)였다. 트리스탕이 그녀와 결혼할 생각을 하는 것은 그녀가 금발의 이죄(Iseut la Blonde)와 같은 이름이기 때문이었다. 그는 오랫동안 내적 갈등을 겪으며 이 결혼의 장단점을 따진다. 이 터무니없는 결혼에 수긍하는 논거는 바로 다음과 같다(그는 마음속에서 금발의 이죄에게 말을 건넨다).

그대로 인해, 나는 즐거움과 기쁨을 잃었으나,
그대는 밤에도 낮에도 이를 누리고,
내 삶은 크나큰 고통 속에 있건만,
그대, 그대 삶은 사랑의 환희들 속에 있구나,
나는 당신을 욕망하는 것 말고는 할 수 있는 것 없는데,
그대, 그대는 넘치도록,
쾌락과 즐거움을 갖고 있으며,
그대의 모든 욕망을 채우는구나.
그대의 육체로 인해, 나는 고통에 잠겨 있건만,
왕께서는 그대 안에서 그의 기쁨을 누리고,
그대 안에서 그의 쾌락과 행복을 찾네,
지난날 내 것이던 것, 지금은 그의 것이니.[2]

그리고 그는, 200행에 이르는 망설임 끝에 결론을 내린다.

나 이 처녀와 결혼하고자 한다
왕비가 무엇을 느끼는지 알기 위해서.[3]

금발의 이죄는 오직 트리스탕, 그만을 사랑할까? 상관없다, 어차피 이죄는 마르크 왕이 그녀에게 주는 쾌락에 초연할 수 없을 터이니. 견디기 어려운 생각이란 바로 이런 것이다. 트리스탕의 결정을 확고히 한 것은, 감히 이렇게 말해도 될지 모르겠지만, 금발의 이죄와 트리스탕 자신 사이에 일종의 성적 평등을 회복하고 싶은 욕구였다. 달리 말한다면 그녀가 무엇을 느끼는지 알기 위해서 그녀와 동일한 상황에 처해보고 싶은 욕구가 결정의 이유였다.

그는 이를 알게 되지 못할 것이다. 그가 흰 손의 이죄와 육체적으로 결합해 결혼의 의무를 다하지는 않을 테니 말이다. 어느 날, 말을 타고 가던 중, 말이 가로지르던 웅덩이의 물이 흰 손의 이죄의 허벅지 위까지 젖게 만들었다. 웃으며 그녀는 트리스탕에게 "이 웅덩이 물이 당신보다 훨씬 대담하군요"("Cette eau est plus hardie que vous")라고 말한다. 카에르댕이 이유를 물었고, 트리스탕은 고백한다. 훨씬 후에, 치명상을 입은 트리스탕은 금발의 이죄를 가서 데려와 달라고 카에르댕에게 부탁한다. 테세우스(Thésée)에 관한 그리스 신화에서처럼, 카에르댕이 그녀를 데려오면 흰 돛을, 아니면 검은 돛을 올릴 것이다. 흰 손의 이죄가 이 이야기를 들었다. 그녀는 질투심에 돛이 흰색이었지만, 검은 색이라고 트리스탕에게 말했다. 트리스탕은 죽어갔고, 금발의 이죄도 그의 곁에서 숨을 거두었다.

이렇게도 잘 알려져 있는 이 결말을 몇 초 안에 짧게 요약하는 것이 무슨 소용이겠는가? 결말에 이어, 토마는 사랑에 빠진 모든 이들에게 바치는 일종의 헌사로 자신의 이야기를 맺는다. 다음의 인용문은 그 앞부분으로, 함께 실은 번역은 번역이라기보다는 일종의 해석으로 약 오십 년 전쯤에 제안된 주해에 근거를 둔 것이며, 사랑하는 이들의 다양한 범주를 규정하는 데 쓰인 여러 표현들의 의미를 밝혀준다.

> 토마는 여기서 그의 글을 마친다
> 그는 여기서 모든 연인들에게 경의를 표하니,
> 불행한 이, 사랑을 꿈꾸는 이,
> 질투로 괴로워하는 이, 욕망으로 괴로워하는 이,
> 쾌락을 아는 이, 본능의 무절제함에 자신을 내맡기는 이,

이 시구들을 읽게 될 모든 이들에게.[4]

시인이 모든 범주의 사랑하는 이들에게 인사를 건네는 것은 그의 시가 가장 순수한 사랑에서부터 가장 관능적인 사랑에 이르기까지 모든 형태의 사랑을 고려하기 때문이다. 트리스탕과 이죄의 이야기는, 격정이 사랑의 가장 깊은 곳에 개입할 만큼, 난폭하고 참혹한 한 편의 이야기이다.

26

"사랑하는 연인이여, 우리도 이와 같으니: 나 없이 그대 없고, 그대 없이 나 없어라"

어떤 중세의 전설도, 오늘날뿐만 아니라 당대에도 트리스탕과 이죄의 그것만큼 유명한 것은 없었다. 그렇지만 이와 관련된 가장 오래된 작품들은 단편들로 전해질 뿐이다. 사람들이 주장하듯 전설이 그 단편과 어긋나는 것이었거나 혹은 그 명성 덕분에 매번 전설 전체를 이야기하거나 담아내지 않아도 되었던 것처럼 말이다. 완전한 버전을 만나려면 1226년, 토마가 프랑스어로 쓴 이야기를 노르드어로 옮긴 《트리스탕 이야기》(*Saga de Tristan*)가 나올 때까지 기다려야만 한다. 트리스탕과 이죄에 관한 12세기의 이야기들은 불완전하거나 훼손된 채로 전해졌다. 보다 짧은 다른 시들도 그저 한 가지 일화, 이죄를 잠시나마 보기 위한 트리스탕의 계교를 들려줄 뿐이다.

이러한 짧은 시들 가운데, 마리 드 프랑스(Marie de France)의 단시(短詩) 〈인동덩굴〉(Lai du chèvrefeuille)이 있다. 프랑스 왕국 출신임을 스스로 밝히지만 영국에서 생활했고, 앵글로 노르망 방언으로 글을 썼던, 또 영어와 켈트어를 알고 있던 것으로 보이는 이 여성 시인은, 1170년 무렵 운문으로 된 여러 이야기를 썼으며 그 가운데 상당수는 요정(妖精) 이야기였다. 자신이 만든 이야기들이 브르타뉴 단시들, 즉 켈트 전설과 관련된 노래나 악곡의 번안이라고 마리 드 프랑스는 말한다.

단시 〈인동덩굴〉에서, 추방된 트리스탕은 이죄가 어느 날 어떤 숲을 지나가게 될 것임을 알게 된다.[1] 그는 길 위에 자신이 그곳에 있다는 것을 알릴 어떤 표시를 남겨둔다.

그는 개암나무 가지를 반으로 갈랐다.
그리고 그것을 네모지게 다듬었다.
그는 나무 막대기를 다듬으면서
거기에 자신의 이름을 칼로 적었다.[2]
왕비가 이를 알아본다면
(그녀는 이런 일에 대단히 주의깊었으니), […][3]
그녀가 이 막대기를 보게 될 경우,
제 연인이 남긴 것임을 분명 알아차릴 수 있을 것이다.

그가 그녀에게 써서 남긴
전갈이 전하고자 했던 것은,
다름 아니라 그가 여기에 오랫동안 있었으니,
기다리고 머물면서,
기회를 살피고 알아내고자,
어떻게 하면 그녀를 만나볼 수 있을지를,
왜냐하면 그는 그녀 없이 살 수 없었기에.
그들 두 사람은
개암나무에 붙는
인동덩굴과 마찬가지였기에.
인동덩굴 그곳에 얽혀 자리잡아
줄기 둘레를 온통 휘감게 되면
함께 계속해서 살아가게 될 수 있지만,
누군가 둘을 떼어놓고자 하면
개암나무 곧 죽어버리며
인동덩굴 역시 그렇게 되니.
"사랑하는 연인이여, 우리도 이와 같으니:
나 없이 그대 없고, 그대 없이 나 없어라."[4]

트리스탕이 개암나무 가지에 적은 것이 무엇일지에 대해

고민을 거듭했던 학자들의 수는 상상을 초월한다. 트리스탕의 이름만을 적었을까? "사랑하는 연인이여, 우리도 이와 같으니:/나 없이 그대 없고, 그대 없이 나 없어라"("Belle amie, ainsi est de nous:/Ni vous sans moi, ni moi sans vous")라는 두 줄의 시구? 또는 개암나무와 인동덩굴에 대한 그 모든 생각들? 앞서 보냈던 어떤 편지와 관련된 것? 이 주제를 다룬 논문들이 어찌나 많았던지 몇몇 연구는 제목을 그저 "인동덩굴 재론(再論)"("Encore le chèvrefeuille")으로만 붙일 지경이었다. 중세 연구자들의 좁은 세계에서는 그렇게만 해도 무엇에 관한 논의인지를 바로 알 수 있었으니 말이다.

작품을 문헌학자의 입장에서 읽는다면 이 문제는 사실상 해결 불가능하다. 그런데, 왜 단언(斷言)해서 종지부를 찍고자 하는 것일까? 어떤 중요성 때문에? 그렇지 않을 경우 이 시의 감동이 줄어들까? 개암나무와 인동덩굴의 이미지가 뚜렷하지 않은 것일까? 나는 인동덩굴이나 메꽃덩굴이 나선형으로 감겨 올라가 가지가 부풀려진 그런 개암나무 막대기들을 발견하는 데서 늘 기쁨을 얻었다. 그런 개암나무 막대기들을 나는 지팡이로 사용했다. 숲속을 거닐면서, 나는 마리 드 프랑스와 트리스탕을 생각한다. 그때가 12세기였다.

27

수레에 오른 기사

호수의 랑슬로(Lancelot du Lac)가 왕비 그니에브르(Guenièvre)를 사랑한다는 것을 모두 안다. 랑슬로라는 인물은, 크레티앵 드 트루아의 세 번째 이야기로 그 제명이 처음 일화를 가리키는《수레에 오른 기사》(*Le Chevalier de la Charrette*)에서 돌연 처음으로 등장한다.[1] 고뱅과 아직 이름이 밝혀지지 않은 랑슬로는 그니에브르를 납치해간 거인 멜레아강(Méléagant)을 뒤쫓는 데 뛰어든다.[2] 난쟁이 한 명이 두 사람에게, 만약 그들이 자신이 모는 수레에 올라타는 것을 받아들인다면, 왕비가 있는 곳까지 그들을 데려다주겠다고 말한다. 그때 크레티앵 드 트루아는, 수레에 올라타는 것이 당시 불명예스러운 치욕을 표시하는 것이었음을 우리에게 일러준다.

당시 수레는 동일한 용도로 사용되었다
오늘날의 죄수 공시대와,
또 훌륭한 도시마다
지금은 삼천이 넘는 수의 수레가 있지만
그때는 오직 하나만 있었고,
구별 없이 사용되었으니
죄수 공시대가 그러하듯,
살인자들과 도둑들에게.
[…]
범죄를 저지른 것이 인정된 자들은
수레에 태워졌고
온 거리로 이끌려갔다
그들은 모든 명예를 잃어버렸다.[3]

짐수레 쪽을 향해 세 발짝을 옮기는 동안, 랑슬로는 이성(Raison)(불명예, 너는 더 이상 여왕에게 걸맞는 자가 되지 못하리라)과 사랑(Amour)(모든 것을 희생하는 사랑, 자신뿐만 아니라 그가 사랑하는 이를 위해)이 내면에서 벌이는 갈등을 겪으며, 그런 뒤 수레에 올라탄다. 그는 치욕과 불명예를 그 대가로 치르게 될 것이지만, 왕비를 구해내게 되리라. 한편 고뱅은 수레에 올라타기를 거부하며, 수레 뒤를 뒤따르면 어쨌든 결과는 같을 것이라고 생각한다. 그는 잘못 생각한 것이고 비참하게 실패하게 될 것이다.

랑슬로가 마침내 왕비를 되찾았을 때, 왕비를 위해 위험에 맞서고, 유혹을 견뎌내고, 지옥 같은 급류 위에 놓인 날카로운 칼날 다리(劍橋)에 맨손과 맨발인 채 뛰어들어 건너고, 멜레아강을 무찔렀음에도, 그녀는 그를 외면한다. 그녀는 그가 수레에 올라탄 것을 책망하는 것일까? 아니다. 그가 수레에 오르기 전에 망설였던 것이 문제였다. 두 사람은 화해하게 된다, 그것도 아주 잘 말이다.[4] 이후, 마상시합에서 이름을 떨치는 정체불명의 기사가 랑슬로가 맞는지를 확인하고자,[5] 왕비는 시녀를 보내 "할 수 있는 한 가장 형편없게" 행동하라는 자신의 명을 전한다.[6] 그녀는 곧, 자신이 "할 수 있는 한 가장 뛰어나게" 행동할 것을 명할 때까지, 순순히 그가 스스로를 웃음거리로 만드는 것을 보고 기뻐하게 되리라.

크레티앵 드 트루아는 마리 드 샹파뉴 백작 부인이 이 이야기의 주제를 그에게 부과한 것임을 강조한다. 그는 이 이야기를 자신이 직접 끝마치지 않고, 다른 이의 손에 마무리를 맡긴다.[7] 불륜의 정념, 그리고 절대적인 영향력을 행사하는 여성의 까탈스러움에 대해 찬사를 보내는 것이 사실상 그에게 거북한 일이었을 수 있다고 짐작된다. 여하튼, 그가 끊임없이 강조하고자 애쓰는 것은, 다름 아닌 사랑의 희생적인 헌신(獻身)이다.

중세 시에 대단히 조예가 깊은 아라공(Aragon)이 말하는 것도 바로 이와 같은 점이다.

내가 바로 사람들 말하는 수레를 탄 그 기사
사랑이 이끌어준다면 두려운 것 모르는
모두 보는 앞에서 불한당들 사이에 앉은
마치 죽음을 택한 나사렛 예수처럼

내 귀부인 어떤 것도 나를 굴복시킬 수 없음을 알고자 하네
그녀의 명을 받으면, 모든 것 바뀌니
그녀 내게 그토록 가혹한 일들을 강요하니
내 심장 피를 흘리고 내 무릎 꿇어야만 하네[8]

랑슬로를 예수에 비유하는 것, 이는 조금 과한 것이 아닐까? 크레티앵 드 트루아가 작품을 쓴 지 몇 년 정도 지난 후, 실제로 어느 설교사는 수난을 겪은 어떤 성녀를 칼날 다리를 건너간 랑슬로와 비교한다.[9] 그런데 사실 모욕을 감내하

는 것은 분명 기독교적인 미덕이면서도, 명예를 갈망(渴望)하는 기사도 세계에서, 혹은 우리 시대처럼 존경받기를 희구하는 세계에서, 이는 역설적인 미덕이다.

선집(選集) 《프랑스의 기상 나팔》(*La Diane française*)에 수록된 아라공의 시는 점령기의 암울한 나날 동안 쓰여진 것이었다.[10] 여기서 프랑스에 대한 의무는 사랑하는 여인에 대한 의무처럼, 즉 그녀를 위해 모든 모욕을 감내하는 것으로 나타난다. 크레티앵 드 트루아의 이야기, 그때는 12세기였다.

28

랑슬로와 갈르오

그니에브르에 대한 랑슬로의 절대적인 사랑은 그를 세상에서 제일가는 기사로 만든다. 13세기, 산문으로 쓰인 거대한 이야기 연작들이 아서 왕과 관련된 제재들을 한데 모을 때, 랑슬로는 그 중심 인물이 되며, 그 결과 이 이야기들 가운데 가장 중요한 것들을 '랑슬로-그랄'(Lancelot-Graal)이라는 이름으로 통칭하기에 이른다.[1] 하지만 바로 이 불륜의 사랑으로 인해 랑슬로는 성스러운 그랄 탐색의 자격을 상실하며, 그의 아들 갈라아드(Galaad)가 그랄의 신비를 보게 된다. 또 연작의 마지막에 이르러, 《아서 왕의 죽음》(*La Mort du roi Arthur*)에서는, 공공연하게 드러난 이 사랑이 아서 왕 세계의 몰락을 초래한다. 또 다른 이야기, 어둡고 기이한 《그랄에 관한 숭엄(崇嚴)한 책 혹은 페를레스보스》(*Le Haut Livre du Graal ou*

Perlesvaus)에서,[2] 경솔하고 많은 연인을 가진 고뱅(Gauvain),[3] 그리고 자신의 구원과 맞바꾸는 한이 있어도 왕비에 대한 사랑을 단념하지 못하는 랑슬로는 저마다 그랄을 찾는 데 실패하며, 페르스발(Perceval)에게 경의를 표하게 된다. 이렇게 해서 영적인 기사도가 세속적인 기사도를 능가하는 우위를 지니게 된다. 하지만 그렇다고 해서 랑슬로의 위대함과 그의 사랑의 고결함이 덜해지는 것은 아니다.

랑슬로가 영광의 절정에 있을 때, 아름다운 제앙트(Belle Géante)의 아들이자 머나먼 섬들(Iles Lointaines)의 왕 갈르오(Galehaut)는, 자신의 수많은 정복에 아서 왕의 왕국을 더하고자 한다.[4] 그는 승리자이다. 그러나 랑슬로의 용맹함을 알게 된 갈르오는 그에 대해 사랑을 느끼게 되고, 이로 인해 마지막 순간에 승리를 단념하고는 반대로 아서 왕의 가신임을 자칭한다.[5] 이렇게 랑슬로와 갈르오는 평생의 벗이 된다.

두 사람 사이에서 매개자 역할을 한 갈르오 덕에, 랑슬로와 그니에브르는 마침내 서로 사랑을 고백하기에 이르며, 단테는 이 일화를 파올로(Paolo)와 프란체스카(Francesca), 바로 이 대목을 읽으며 사랑에 빠진 두 사람의 입을 통해 이야기함으로써 널리 알리게 된다: 'Galeotto fo il libro e chi lo scrisse'[6]("갈레오토는 [우리에게] 책이었고 그 책의 저자였어요. 그날 우리는 더 읽지 않았어요.").[7] 갈르오가 랑슬로에게 반했었던 말르오(Malehaut) 부인을 자신의 애인으로 삼은 것은 연애에 있어서 그들 두 기사 사이에 일종의 대등한 관계를 만들기 위함이었다. 그 이후, 랑슬로가 죽었다고 생각한 갈르오는, 예언가들이 그에게 미리 예언했던 것처럼, 사랑으로 인해 죽음을 맞이하게 된다. 사람들은 오랫동안 갈르오의 죽음을 랑슬로에게 숨기며, 이는 랑슬로가 지나친 고통을 겪을 것을 염려했기 때문이다. 산문 이야기에 다시 삽입되어 되풀이된 수레에 관한 일화의 마지막 부분에서, 두 사람이 처음으로 같은 침대에서 하나가 되던 그 순간, 랑슬로는 이 사실을 왕비의 입을 통해 듣고 알게 되리라. 이와 같은 순간, 이 소식은 그에게 어떻게 충격을 주게 될까?

> 바로 그때 그녀는, 그에게 갈르오의 죽음을 알려주었으니, 왜냐하면 랑슬로가 아직까지 그에 대해 아무것도 모르고 있었기 때문이다. 이에 대해 그가 상당히 큰 고통을 받았음은 틀림없었지만, 그럴 장소가 아니었다.[8]

시간이 한참 흐른 뒤, 그는 갈르오의 무덤과 비명(碑銘)을 발견한다.

"여기 갈르오 잠들다, 제앙트의 아들, 랑슬로에 대한 사랑으로 죽은." 그리고 이를 보고, 그는 기절해, 오랜 시간 동안 한마디도 못한 채 땅에 쓰러져 있었다.[9]

이후 그의 고통이 폭발해, 그는 분별력을 잃을 지경에 이른다.[10]

중세는 동성애 행위를 사정없이 단죄하며, 남색(男色)을 범한 자들을 기다리는 것은 화형대였다! 그러나 두 친구, 두 남성 사이의 열렬한 애정은 비난하지 않으며, 반대로 찬탄을 금하지 않는다. 이에 대해 당대의 문학 작품에서도 다른 예들을 찾을 수 있는 만큼, 굳이 상이한 문명 안에서 아킬레우스(Achille)와 파트로클로스(Patrocle)까지 거슬러 올라갈 필요도 없다. 물론 이러한 애정은 사랑의 정념과 경합하는 것이 아니며, 사랑의 정념이 우위에 있음을 인정한다. 일례로 갈르오는 랑슬로의 사랑을 도와주며, 그 자신도 대응되는 사랑을 찾는다. 게다가 갈르오가 그에게 보이는 애착에 비해 갈르오에게 덜한 애착을 보이는 랑슬로는, 그니에브르의 품 안에서 너무나 큰 기쁨에 차 있었던 나머지 친구의 죽음에 대한 소식을 충분히 자각하지 못한다. 그러나 이러한 애정, 두 친구 가운데 한 명의 죽음을 초래할 정도로 또 다른 한 친구의 일시적인 광기를 야기할 정도로 상당히 열렬한 감정을, 너그러운 영혼을 가진 이들은 합당치 않은 것으로 보지 않았다.

이때가 13세기였다.

29

그랄은 끝이 아니다

크레티앵 드 트루아의 《그랄 이야기》는 미완으로 끝난다. 어쩌면 시인의 죽음이 이유일지 모른다. 혹은 그가 싫증이 났을지도 모른다. 이전에도 이미 그가 다른 사람에게 《수레에 오른 기사》를 끝마치는 수고를 넘겼던 것을 본 적이 있기 때문이다. 필경 그럴 것이다. 그런데 이 미완의 마지막 이야기는 네 편의 이전 작품들보다 이미 두 배 이상 길이가 길다. 또 그의 이야기를 계승한 작가들이 연이어 이야기를 이어갔지만, 이야기를 끝마치는 데 이르지는 못한다. 혹 어떤 이가 마침내 이야기의 끝에 도달한다 해도, 그 또한 다름 아닌 맨 마지막 구절들을 미완으로 남겨놓는다. 어떤 저주가 그랄에 관한 이야기를 짓누르는 것은 아닐까?

몇몇 사람들은 은자(隱者)인 삼촌이 이야기의 진정한 의미

[眞相]를 페르스발에게 알려주었던 순간부터 이미, 크레티앵 드 트루아가 자신의 이야기를 끝마치는 것이 곤란한 일이었다고 지적했다.[1] 왜냐하면 이야기의 결말이 독자들이 벌써 알고 있는 것을 반복하도록 강제하기 때문이다. 어떤 의미에서는, 이 이야기를 채우고 완성하는 여러 버전들에서 일어나는 것도 바로 이와 같다. 페르스발이 그의 삼촌의 뒤를 잇고 그랄의 성(城)을 다스리는 것, 이는 최악이기까지 하다. 그래 좋다. 그런데 그 다음에는? 그랄의 말로 표현할 수 없는 신비를 결론짓기에는 지나치게 평범한 방식이 아닐까? 바로 그렇다. 말로 표현할 수 없는 신비를 어떻게 이야기하겠는가?

13세기 들어, 그랄에 관한 이야기 전체를 다시 고친[改作] 장편의 산문 이야기들은, 갈래들을 늘림으로써, 여러 작품 사이에서 랑슬로의 운명과 그랄의 그것을 매우 능란하게 직조(織造)하며, 아서 왕 치세에서의 그랄과 아리마태아의 요셉의 전설을 연결시키기 위해 로베르 드 보롱의 이야기들을 다시 가져온다. 이러한 산문 이야기들도, 가까이에서 면밀히 보게 되면, 동일한 어려움에 부딪치게 된다.《성스러운 그랄 탐색》(*Quête du saint Graal*)은,《산문 랑슬로》(*Lancelot en prose*)의 연장선상에 있으면서도 수도원 정신이 깊이 스며든, 다른 작가의 상이한 정신의 산물로, 그 마지막에서 그랄 탐색에 성공한 세 사람, 랑슬로와 어부(漁夫) 왕의 딸 사이에서 태어난 갈라아드(Galaad), 페르스발, 그리고 랑슬로의 사촌인 보오르(Bohort)는 그랄의 성에 머무르지 않는다.[2] 그곳에서 그들이 무엇을 하겠는가? 그들은 솔로몬(Salomon)의 배에 올라 성지(聖地)의 도시 사라스(Sarras),[3] 후일 갈라아드가 왕이 되는 곳으로 향한다.[4] 갈라아드는 그랄 안에서 신의 말로 표현할 수 없는 신비들을 바라본 뒤 숨을 거두며,[5] 그랄은 그를 뒤따라 하늘로 옮겨진다. 페르스발은 은자(隱者)가 되며, 보오르는 아서 왕의 궁정으로 돌아온다. 바로 이 지점에서 그랄과 관련된 장편 연작은 최후의 참사(慘事) 및 (재차 다른 작가에 의해 씌어진) 《아서 왕의 죽음》(*La Mort du roi Arthur*)과 더불어 진정 막을 내린다. 최후의 예상치 못한 전개들이 끝을 맺을 수 없는 어느 이야기를 물려받아 연장하는 것처럼 말이다.

오직 《그랄에 관한 숭엄한 책 혹은 페를레스보스》, 저 거칠고 반쯤은 상궤를 벗어난 이야기만이 한 가지 해결책을 찾아낸다. 페르스발의 죽음 이후, 그랄 성은 폐허가 되고, 누구도 더는 이곳에 들어가지 못하게 된다. 어느 날 두 젊은이가 위험을 무릅쓰고 이곳에 들어가는 모험을 감행한다.

그들은 재미삼아 이 성에 들어왔지만, 그 이후 오랫동안 이곳에 머물렀으며, 그들이 밖으로 나왔을 때, 그들은 거친 옷을 입고 여러 숲을 거치며 뿌리들만을 먹으면서 은자의 삶을 영위하였다. 그들의 삶은 매우 고되었지만, 이러한 삶에서 큰 기쁨을 얻었다. 또 사람들이 그들에게 무엇 때문에 그렇듯 즐거움을 느끼는지를 물어보면, 그들은 묻는 이에게 답하곤 했다. "가보시오, 우리가 있었던 곳으로, 그러면 그 이유를 알게 될 터이니." 이 두 기사는 이처럼 성스러운 삶을 보내다 죽었고, 그들에게서 다른 이야기는 결코 들을 수 없었다.[6]

이 결말이 인상적인 것은 바로 신비로움을 감돌게 하기 때문이다. 그랄의 매혹은 해명 이후에는 사라지게 마련이다. 그랄의 신비는 감춰진 이유를 찾아야만 할 터인 그런 난제(難題)가 아니다. 증거는 대답이 이미 마련되어 있다는 데 있으며, 또 어려움은 증거를 찾는 데 있는 것이 아니라 질문을 던지는 데 있다. 크레티앵 드 트루아에게는 결말이 필요하지 않았다. 그의 경우, 우리가 보았던 것처럼, 그랄의 신비는 사랑의 그것이며, 시몬 베유가 타인에 대한 배려의 그것임을 말했던, 이렇듯 곁에 가까이 있고, 단순한, 투명한, 명백하면서도 다가갈 수 없는 신비이다.

이때가 12세기였고, 13세기였으며, 오늘날이기도 하다.

30

나병에 걸린 시인

장 보델(Jean Bodel)이라는 이름은 필경 여러분들에게 시사하는 것이 전혀 없을 것이다. 12세기 끝 무렵, 그는 아라스(Arras)의 위대한 시인이었으며, 당시 매우 많은 이들이 살던 이 도시는 최초의 '종글뢰르 및 부르주아 조합'(confrérie des jongleurs et bourgeois)과[1] 여러 시회(詩會)의 주최로 오일어 문학의 가장 큰 중심지로 자리잡고 있었다.[2] 장 보델은 여러 편의 노래들, 파블리오들, 한 편의 무훈시, 전체가 프랑스어로 기술된 가장 오래된 극작품을 쓴 작가였다.[3] 그는 일종의 지방 공무원인 시 의회(市議會)의 하급직이었고, 아마도 알려진 문인(文人)이었던 것으로 보인다.

1202년, 그는 제4차 원정이 될 십자군에 참가한다. 그런데 장 보델은 십자군 원정을 떠나지 못하게 되니 왜냐하면 바로 그때 자신이 나병(癩病)에 걸린 것을 알게 되기 때문이다. 할 수 있는 남은 일이라고는, 그저 도시를 떠나는 것, 유폐(幽閉)되기 위해 나병환자 요양소로 가 그곳에서 죽음을 기다리는 것밖에는 없었다. 그 자체로 끔찍한 전망이지만 이것이 전부가 아니었다. 나병은 수치스러운 질병이었다. 그러나 이는 나병에 걸린 자에게 축출이 부과되었기 때문만은 아니었다. 나병이 환자의 외양을 흉하게 변형시키고 살아있는 채로 그의 육신을 썩게 만들며, 나아가 나병 환자나 그의 부모가 저지른 어떤 죄, 성적인 성향과 관계되는 것으로 의심되는 죄에 대한 하늘의 징벌이라는 의혹이 나병과 결부되었기 때문이다. 흔히, 월경 중에 수태된 아이들이 후일 나병에 걸릴 위험이 높다고들 말하곤 했다. 또 나병 환자들이 채워지지 않는 성욕(性慾)을 가졌다고들 이야기하곤 했다.

장 보델의 경우, 이 모든 수치에 병 때문에 십자군 원정을 떠나지 못하게 되었다는 사실이, 따라서 십자군 병사들에게 내려진 전대사(全大赦)를 그가 받을 수 없었다는 사실이 더해진다. (면벌[免罰]은 실질적으로 여러 죄를 사해주는 속죄 고해의 면죄이다.) 그렇기에 그가 자신이 이중으로 신의 버림을 받았다 여기기에 충분했다.

아라스에서 10여 킬로미터 정도 떨어진 보랭(Beaurain)의 나환자 요양소, 8년 뒤 그가 숨을 거두게 될 곳으로 격리되기 위해 갈 때, 장 보델은 〈고별시〉(Congés)라 명명한 오백 행이 넘는 한 편의 시를 쓴다.[4] 그는 이 작품에서 아라스에 사는 자신의 모든 벗들에게 실제로 작별을 고하며, 그가 차례로 말을 건네고 이름을 호명하는 이들은, 종종 다른 기록들에서 확인되듯, 실존 인물들이었다. 그는 자신의 처지로 인해 빠지게 된 비애, 쓰라림, 그리고 한없는 당혹스러움을 가진 채 그들과 작별하지만, 동시에 자신을 내려친 타격에 대해 한층 더 숙고하는 것을 통해, 여기에서 구원의 기회를 찾음으로써, 이러한 시련이 신이 자신을 버렸다는 표시가 아닌 그 반대임을, 자신이 이에 합당하게 처신한다면 일종의 은총이라는 것을 스스로 되뇌면서, 그의 시를 자신이 예전 그대로 변함없다는, 또 육체의 병이 자신의 지적·정신적 자아를 망가뜨리지 않았다는 증거로 만든다.

또한 그는, 몇 년 앞서 엘리낭 드 프루아드몽(Hélinand de Froidmont)의 〈죽음의 시〉(Vers de la mort)에서 처음 사용되었고,[5] 또 숙고와 감정의 토로에 알맞다고 평가되었던 하나의 특별한 유형인 12행 시연으로 시를 씀으로써, 자신의 시의 주조(主調)를 알린다.

감탄스러운 시임에도 불구하고 진가를 인정받지 못한 장

보델의 〈고별시〉는 다음의 두 번째 방송에서 다시 길게 논의될 가치가 충분히 있다.[6] 여기서는 그의 취지를 요약하는 첫 번째 시연을 인용하는 것으로 그치도록 하자.

고뇌, 내 영감의 근원이여,
근심에서 내가 벗어날 수 있도록 알려다오
내 처지를 이야기하면서.
내 분별력이 떨어졌다 말함은 온당치 않네
비록 어떤 병이 내 육체를 무너뜨리고 있지만,
신의 의지에 따라.
그분이 나 물러나야 함을 소리 높이 알리시니,[7]
속임수도 술책도 없이,
나 저마다에게 청해야만 하네,
분명 그들이 내게서 거절하지 않을 그런 선물인,
고별을, 사람들이 내게 금하기 전에.
이는 이제 나, 그들에게 해를 입힐 것이 염려되기 때문이라.[8]

이때가 13세기였다.

31

"어두움 내리지만 나를 위해 날이 밝아오기에"[1]

"이는 이제 나, 그들에게 해를 입힐 것이 염려되기 때문이라"("Car des or criem que ne lor nuise"). 이 구절을 여러분은 기억하는가, 이것은 나병에 걸린 시인 장 보델의 〈고별시〉에서 첫 번째 시연을 끝맺는 시행이었다. 그의 크나큰 번민, 그것은 바로 그들에게 해를 입히는 것, 그들이 그를 쫓아내는 것, 그들로 인해 그가 자신의 수치를 맛보는 것이다. 그도 그럴 것이, 그가 가장 염려하는 것이 바로 수치이기 때문이다. 그의 병을 일종의 지옥으로 만드는 것도 다름 아닌 수치이다.

이 대목에서, 티보 드 라 피에르에게
작별을 알리니, 수치스럽게 또 남몰래,
운명이 쓰러뜨린 사람이 되어.

이제 세상은 내게 그렇게나 적대적이라
나는 지름길로나 감히 갈 수 있을 뿐.[2]
나를 무너뜨리는 것은 비참함이 아니니,
나는 내 병 전부를 잊고, 이를 대수롭지 않게 여긴다오.
그런데 비참함은 수치 안에 있으니,
다른 이에게 알려지고, 남김없이 드러난.
하니 만유를 주재하시는 신께서
이를 내 속죄의 고행으로 여겨주시기를 바라니.
그것은 두 개의 지옥, 이는 내게 너무 지나칠 터이기에.[3]

바로 이러한 이유로 인해 그는 자신의 〈고별시〉를 쓴다. 작별을 고할 이는 바로 그이다. 더 이상 자신의 병을 감출 수 없기 때문에, 그는 다른 사람들이 그를 추방하기 전에 스스로 떠날 것이다.

온 힘을 다해 사람들에게 고하네
그렇게나 오랫동안 내가 숨겨왔던 병이.
이와 더불어, 나를 좀먹고 소진시키니,
수치, 내가 그토록 두려워하던 그것이,
수치는 내게 핑계를 권하지만

나는 스스로 그 것을 거부하네.

저 밖으로 쫓겨나기보다는 내가 떠나는 편이 더 나으니.[4]

사람들이 그를 손가락질하기 전에, 다름 아닌 그가 두려움 속에 있는 그 자신을 드러낼 것이다. 다른 사람들이 그를 조롱하기 전에, 그 자신이 직접 스스로를 비웃을 것이다. 이러한 모습은 그의 계승자의 그것에서 한층 더해질 것인즉, 왜냐하면 동일한 아라스에 또 다른 시인 한 명이 있어, 장 보델보다 칠십 년 뒤의 보드 파스툴(Baude Fastoul)이 자기 차례가 되어 나병에 걸린 시인의 〈고별시〉를 쓰게 되기 때문이다. 장 보델보다 더 나아가, 보드 파스툴은 병으로 인해 역겹게 된 자신의 육체를 묘사하며, 이에 대해 농을 던진다. '나는 이제 소프라노로 노래를 부를 수 있다'(나병은 성대를 상하게 한다), '나는 치수가 줄어든 신발을 얻을 수 있다'(자신의 발가락들이 떨어져나간다) 등.

장 보델의 어조는 상이하다. 그도 자신을 드러내지만, 이는 자신을 되돌아보기 위해서이다. 수치 너머에는 다른 어떤 것이 있다. 그의 모든 노력은, 자신이 이 병에 휩쓸리지 않았음을 스스로 납득하기 위한 것이자 다른 이들을 납득시키기 위한 것이다.

내 마음과 나를 지배하는 병은
동일한 성질로 만들어진 것이 아니다.[5]

그런데 그가 자신의 병에 휩쓸리지 않았다는 사실은, 바로 그를 죽음으로 이끄는, 살이 썩어들어 부스러지기에 이미 죽음과도 같은 이 병 너머에서, 신이 그를 생명으로 이끌기 때문이다.

한탄해야 한다고들 말하지만, 나 감사해야만 하니,
신에 대해, 그분 이러한 내게 찍으셨으니,
소생할 수 있는 죽음의 표시를.[6]

그리고 보다 뒤에서는 이렇게 말한다.[7]

이제부터, 바라노니, 내 분별력 깨어나기를,
내 마음 열리기를, 그리고 내 육신의 두 눈 감기를.
이는 어두움 내리지만 나를 위해 날이 밝아오기에.[8]

32

"내 친구들 어떻게 되었나?"

사랑 노래의 고양된 태도나 기사의 모험에서 그려지는 영웅적인 탈출과는 거리가 먼, 어떤 시가 13세기에 전개된다. 노래로 불리는 것이 아니라 낭송되고, 속내 이야기를 하거나 자신을 열어 보이는 일종의 '원맨쇼'(one man show) 안에서, 시인은 자신의 고통들, 자신의 불행들, 자신의 비참함들을 늘어놓는다. 나병에 걸린 시인의 고별시가 자신의 삶의 드라마를 무대에 올려 상연한 극단의 경우라면, 다른 경우들도 여럿 있으며 여기서는 일상의 삶의 그것이 유일한 드라마가 된다.

일례로 뤼트뵈프(Rutebeuf)가 있다. 우리는 그에 대해, 그의 시들이 이야기하는 것 외에는 아무것도 알지 못하며, 그가 끊임없이 풀이를 다는 다소 우스꽝스러운 저 별명 말고는 그의 다른 이름을 알지 못한다("내 이름은 뤼트뵈프, '거친'[rude]과 '소'[boeuf]로 이루어진 것"["Je me nomme Rutebeuf, qui est dit de "rude" et de "boeuf""]).[1] 1250년대 파리 대학을 뒤흔들었던 소요(騷擾) 당시, 그는 재속(在俗) 성직자들이었던 교수들을 옹호하기 위해, 또 성왕 루이(saint Louis)의 비호를 받던 신흥 탁발 종단들인 도미니코회와 프란치스코회에 속한 이들을 공격하기 위해 여러 비방문을 썼으며,[2] 국왕에 대해서도 격렬한 비난을 퍼붓는다. 그런데 그는 또한 성지(聖地)에 있는 왕의 정책을 비호하고 선전하는 시들을 쓰기도 했다. 두 가지 경우에서 모두, 그가 쓴 시들이 보수를 받고 썼던 것이며, 그가 이로써 호구지책을 삼았음이 분명히 드러난다. 자신의 비참함을 한탄하는 그의 다른 시들의 경우에서도 미루어 짐작해보건대, 그는 시를 써서 생계를 꾸리며 어렵게 살아갔다. 그런데 그의 명성을 드높인 것이 바로 이러한 시들이다.

어떤 시에서, 그는 자신의 불행들을 하나씩 하나씩 연이어 길게 늘어놓는다. 그는 나이 든, 추하고 가난한 어느 여인과 결혼했고,[3] 석 달간 아무 일도 못한 채 아팠고, 한쪽 눈을 잃었고(오른쪽 눈, 더 잘 보이던 눈을), 그의 말[馬]은 다리가 부러졌고, 아내는 아이를 출산했고, 유모에게는 줄 돈이 전혀 없어 아이는 곧 집으로 되돌아와 울어대게 될 터이고, 집세를 치를 돈도 몸을 덥힐 장작을 살 어떤 것도 없고, 빚진 곳은 여럿이고, 주사위 노름을 하지만 외투를 저당물로 남겨두어야만 했고, "삭풍이 불 때는 엉덩이에 냉기(冷氣)를"("froid au cul quand bise vente") 느끼게 된다. 그에게는 제대로 된 침대조차도 없고, 빵조차도 없다.[4]

제 옆구리 짚단에 이골이 났습니다만
짚단 침대는 침대가 아닐 터인데
그런데도 제 침대에는 짚단밖에 없습니다.

폐하, 당신께 알려드리오니,
제게는 빵을 얻을 무엇도 없습니다.
파리에, 갖가지 재물들 속에 둘러싸여 있건만,
이 가운데 제 차지가 될 것은 아무것도 없습니다.[5]

그가 적어도 친구들에게 기대를 걸어볼 수는 있지 않을까?

내 친구들 어떻게 되었나,
내게 그토록 가까웠고,
내가 그처럼 사랑했던 이들은?

내 생각에 그들은 몹시 듬성듬성 뿌려졌고,
양분도 적당치 않아,
그렇듯 사라져버렸네.
그 친구들 나를 소홀히 대했고,
결코, 하느님께서 이쪽 저쪽 사방에서
나를 내리치시던 그 오랜 시간 동안
단 한 명도 내 집을 찾아오지 않았네.
생각해보면, 바람이 내게서 그들을 빼앗아갔으니
사랑은 죽었네.
내 친구들은 바람이 데려가 사라졌고
그 바람 불었던 것 내 집 문 앞이라,
바람이 그들을 데려가 사라졌다네.[6]

여러분은 이 구절을 알고 있는가? 이 구절들을 노래할 마음이 생기는가? 놀라운 일이 아니다. 레오 페레(Léo Ferré)가 이 구절들을 곡으로 만들었고, 그 노래 전체가 뤼트뵈프의 시들에서 뽑아낸 접속곡(pot-pourri)이다.[7] 세련되지 않음을 자부하는 이 빈곤함의 시인("뤼트뵈프, 거칠게 일하는 자,/왜냐하면 거친 자이기에"["Rutebeuf, qui rudement oeuvre,/Car rude il est"]),[8] 매끄럽지 않게 계속되는 이 구절들은, 마치 취한(醉漢)의 어떤 독백인 것처럼, 아무렇게나 말장난들과 결정적인 문구들을 사용해 이어지는 것처럼 보인다. 바로 여기에 권위와 규범을 거부하는 가객(歌客)을 매료시킬 모든 것이 들어 있는 것이다. 레오 페레 이전에도 다른 여러 사람들이 매료되었으니, 몽마르트르(Montmartre)의 전성기, 빈곤의 가객들, 장 릭튀스(Jehan Rictus)와 그의 《가난한 자의 독백들》(*Soliloques du pauvre*),[9] 뤼트뵈프에게서 그의 '테르세 쿠에'(tercet coué)를 차용한 아리스티드 브뤼앙(Aristide Bruant)이 그들이었다.[10] 사람들은 뤼트뵈프를 저주받은 시인들의 시조로 삼았다. 그때가 19세기 말, 20세기 초였다. 그는 저주받은 시인이었을 테지만, 그 자신은 그렇게 되기를 원치 않았다. 이때가 13세기였다.

33

장미 이야기

13세기, 장 보델 혹은 뤼트뵈프 등의 시인들이, 보다 나은 자기 반성 및 자기 이해를 위해 스스로를 이야기하고 자신을 드러내던 때, 엄청난 성공을 거두게 될 한 편의 거대한 시가 어떤 꿈에 대한 이야기를 통해 동일한 탐구를 이끌어나간다. 사랑에 대한 입문 교육인 꿈, 연애에 대한 꿈, 당시에는 사랑에 대한 경험이 없었기에 이해하지 못했던 이 꿈을, 시인은 사랑을 발견하고 나서 나중에 꿈을 이해하게 되었을 때 이야기해준다. 이 시가 바로, 기욤 드 로리스(Guillaume de Lorris)에 의해 시작되었다가 1270년경 장 드 묑(Jean de Meun)에 의해 길게 이어진,《장미 이야기》(*Roman de la Rose*)이다.

이 시에는, 우리가 보기에는 기이하지만, 어떤 종류의 확실성이 있다. 그가 말하기를, 5년 전—“내 나이 스무 살 되던 해/젊은이들에게서/사랑의 신이 통행세를 거둘 때",[1]—시인은 어느 날 밤 꿈을 꾸었으며, 꿈속에서 어느 5월 아침 잠자리에서 일어나, 무위(無爲, Oiseuse)—한가함(oisiveté)을 의미한다. 사랑에 빠지려면 여유가 있어야만 한다—라 불리는 어느 젊은 여인에게 인도되어 유희(遊戲, Plaisir)의 정원으로 들어가, 그곳에서 그에게 호의적인 미덕들에 에워싸인 사랑의 신(Amour)의 환대를 받는다.[2] 지난날 나르키소스(Narcisse)가 빠져 죽었던 샘에서, 그는 물에 비친 어느 장미 덤불을 보게 된다.[3] 그는 장미 덤불 쪽을 향해 가고, 유달리 매혹적인 작은 장미 봉오리 하나를 눈여겨본다. 그를 뒤따르던 사랑의 신은 그때 그에게 화살 하나를 쏘며, 그 화살은 눈을 통해 들어와 심장에 꽂힌다. 이제 사랑의 신의 포로가 된 그는, 그의 계명들을 따르고, 장미 봉오리를 갈망하게 된다. 그러나 장미 봉오리는 두려운 인물들, 외부적인 제약을 나타내는 험구(險口, Male Bouche)(즉 비방[誹謗], médisance), 질투(Jalousie)—젊은 처녀 자신으로부터(왜냐하면 장미 봉오리는 분명 어느 젊은 아가씨이니) 오는 제약—, 위험(Danger)(수줍음에 기인한 저항)이 지키고 있었다. 다행히도, 연인에게 호의를 보이는 젊은 처녀의 감정들을 나타내는 환대(Bel Accueil)가 그를 도우러 온다. 환대 덕분에 그는 한 번의 입맞춤을 얻지만, 위험의 경고를 들은 질투는 탑을 짓게 하고 그곳에 환대를 가두어 감시자 노파(老婆, Vieille)의 보호 아래 둔다. 연인은 비탄에 잠긴다. 그때 이성(Raison)이 돌연 나타나, 자신에 대한 사랑을 위해 장미에 대한 사랑을 버리기를 그에게 권한다.[4] 연인은 이성의 충고를 거절한다. 그는 자신의 불행들을 친구(Ami)라는 이름의 벗에게 털어놓으며, 그는 연인에게 우정어린 충고들을 들려준다.

그러는 동안, 장 드 묑은 기욤 드 로리스의 이야기를 이어받아, 철학적, 신학적, 학문적 주제들, 혹은 오늘날이라면 사회석 현안들이라 칭할 수 있을 사안들로 여담을 넓혀나간다. 위선을 통해 자신의 목적에 이르기를 시도하면서, 연인은 거짓꾸밈(Faux-Semblant)과 강요된 금욕(Abstinence Contrainte)의 도움을 청하며, 도미니코회 수도사의 수도복을 입은 이들은—파리 대학의 지식인이었던 장 드 묑은, 뤼트뵈프와 마찬가지로, 탁발 종단들에 대해 적의를 표출한다—험구를 죽이고 노파를 매수한다.[5] 사랑의 신은 마침내 자신의 어머니인 비너스 여신(Vénus)에게 도움을 청하기에 이르며, 자연(Nature)의 전속사제인 게니우스(Génius)의 도움을 받고 대장간에 있는 자연을 방문한 뒤, 비너스 여신은 질투의 성(城)에 불을 지르고, 사랑의 신의 군대가 성을 공격한다. 꿈속의 화자는, 꽃잎 사이로 자신의 순례자의 지팡이를 밀어넣어, 잠에서 깨어나기 전에 마침내 장미를 꺾게 된다. "이렇게 해서 나는 진홍(眞紅)의 장미를 얻었다./이윽고 날이 밝았고, 나는 잠에서 깨어났다."[6] 이것이 이야기의 끝이다.

이처럼 《장미 이야기》를 요약하는 데 이번 방송 전부를 할애했다. 제대로 된 훌륭한 그런 요약을 하기 위해서는 최소 세 배의 시간이 더 필요했을 터이기에, 그만큼 더 아쉬움을 느낀다. 하지만 내가 내용을 전혀 요약하지 않았더라면, 이 작품에 대해 내가 여러분들에게 무슨 이야기를 할 수 있었을까? 지루한 것으로 소문난—물론 매우 부당한 평이지만—이 시의 이만여 행을 누가 읽어보았을까? 여러분들은 내가 꼭 이야기를 할 필요는 없었다고 할지도 모르겠다. 그럴 수도 있겠다. 그러나 내 빈약한 요약으로는, 《장미 이야기》의 문학적, 철학적, 정신적 풍부함을 사람들이 가늠하기 어려우며, 이 작품이 행사했던 불가사의한 영향력이나 이 작품이 불러일으켰던 여러 논쟁들(14세기에, 사람들은 장 드 묑의 부도덕함과 반여성주의[antiféminisme]를 비난하게 될 것이다)을 상상하기는 더 힘들다. 요컨대, 그가 아니었던들, "장미를 꺾다"(cueillir la rose)라는 은유가 우리에게도 명백한 것이었을까? 이때가 13세기였다.

34

자연의 대장간

《장미 이야기》는 표면상의 첫 번째 의미가 두 번째 의미를 감추는 알레고리적인 이야기이다. 다만 이 작품은 두 번째 의미를 거의 감추지 않고 있다. 사랑의 신의 정원에서 장미를 꺾고자 하는 것은 상당히 분명한 이미지이기 때문이다. 하지만 이와 같은 은비(隱庇)는 중요하다. 왜냐하면 바로 어떤 꿈이 요체가 되며, 그 안에서 여러 감각들의 자각, 오늘날이라면 우리가 말하듯, 꿈을 꾸는 젊은이의 무의식이, 그가 아직까지는 경험해보지 못한 또 따라서 명확히 이해할 수 없는 것을 예감하기 때문이다.

이러한 은비는 어떤 형태를 취할까? 양심과 의식의 논쟁들을 무대 위에서 보여주기 위해 의인화를 활용하는 방식은 고대 후기 작가들, 이를테면 프루덴티우스(Prudence)와 특히 보에티우스(Boèce)—그의《철학의 위안》(*Consolation de Philosophie*)은 중세 내내 대단한 성공을 거두었다—에게서 상용된 것이다.[1] 알레고리적인 사고 자체는, 중세라는 세계에서 당연한 것이나 진배없다. "어떤 것을 말함으로써 또 다른 것을 의미하는"("dire une chose pour en signifier une autre") 데 요체가 있는 이러한 설명 및 수사 기법은 고대부터, 아리스토텔레스(Aristote)에서 퀸틸리아누스(Quintilien)에 이르기까지 잘 알려진 것이다. 그런데 알레고리(allégorie)는 무엇보다도, 교부(教父, Pères de l'Église)들 이래로, 기독교가 그리스도의 강림(降臨)에 대한 알림(기별[奇別])이자 전조(前兆)로 읽힌 구약 성서(Ancien Testament)에 적용한 해석 방법이며, 복음서(福音書)들에서 예수가 직접 든 비유들, 해당되는 의미를 전하는 어떤 해석을 요하는 이야기들이 일체의 정당성을 여기에 부여했다.

비록 기욤 드 로리스가 쓴 '전반부'가 궁정시의 이미지들을 미화하는 데 그칠 뿐이지만, 알레고리적인 시인《장미 이야기》는 알려져 있듯이 식자(識者)층 전통에서 형성된 시이다. 그의 이력 및 다른 작품들을 우리가 아는 장 드 묑은 파리 대학 및 볼로냐(Bologne) 대학의 학생이었고, 라틴어로 쓰여진 몇몇 작품들을 프랑스어로 옮겼고(《장미 이야기》의 경우, 몇몇 대목들은 오비디우스[Ovide]의 작품을 통째로 번안한 것이다),[2] 과학적인 차원(이를테면, 기후 및 천체 현상들에 대한)에서뿐만 아니라 철학적이고 신학적인 차원(예를 들면, 신의 전지성[全知性]과 인간의 자유 의지의 양립에 관한 고전적인 문제의 해결책들에 대해)에서도 역시,[3] 당대의 여러 지식들에 정통했다. 《장미 이야기》의 투명한 알레고리 뒤에, 또 고약한 노골성 뒤에, 장 드 묑은 보다 심원한 의미 하나를 숨겨둔다.

이 시는 사랑의 기법이 되고자 한다. 기욤 드 로리스는 "사랑의 모든 기법이 들어있는 《장미 이야기》"("Ce est li romanz de la rose,/Ou l'art d'amours est toute enclose.")라고 쓰며, 장 드 묑은 이 작품을 "연인들의 거울"("le Miroir aux Anoureux"), —당시 거울은 일종의 백과전서(百科全書)를 의미한다—이라 부른다.[4] 어떤 사랑일까? 기욤 드 로리스의 경우가 사랑의 신의 계명들을 열거하는 궁정풍 사랑이라면, 장 드 묑이 의미하는 사랑은 구속없는, 반대되는 성(性)이다. 장 드 묑은 이렇게 적는다. '자연'이 오직 로뱅(Robin)을 위해서 마리옹(Marion)을 만들었고, 마리옹만을 위해서 로뱅을 만들었다고 그대 생각하는가? 아니다. "자연은 우리에게 만들어주었으니, 사랑하는 아들아, 분명/모든 남자를 위해 모든 여자를 또 모든 여자를 위해 모든 남자를"("Elle nous a faits, beau fils, sans doute/ Toutes pour tous et tous pour toutes.").[5]

그런데 무엇 때문에, 장 드 묑의 '후반부'에는, 이렇듯 끊임없이 생식 활동에 대한 권유가 나오는 것일까? 그것은 죽음, 종(種)의 소멸을 피하기 위해 생식에 대한 노력을 항구적으로 강제하는 죽음 때문이다. 그는, 사라진 존재들을 대신할 새로운 존재들을 자신의 대장간에서 쉬지 않고 만들어내는 자연의 모습을 보여준다. 그런데 자연은, 그가 말하듯, "신의 시녀"("chambrière de Dieu")이다.[6] 자연은 신의 일꾼이며, 신의 창조를 행하는 그의 손(手)이다. 풍성한 생산을 권함으로써, 장 드 묑은 신학적으로는 궁정풍 사랑의 시인들보다 훨씬 더 기독교 교리에 충실한 모습을 보인다. 궁정풍 사랑을 노래한 시인들은 분명 숭고한 어떤 사랑의 감정을 노래하지만, 적어도 그 쾌락에서 생식은 별로 염두에 두지 않는다고 말할 수 있기 때문이다.

장 드 묑은 신학적인 관점에서는 기독교의 교리에 충실하지만, 이를 표나지 않게 불경함과 도발적인 생각들 아래 감춰놓는다. 이때가 13세기였다.

35

"주앵빌 경, 나는 이곳을 그리 빨리 떠나지 않을 것이오"

장 드 주앵빌(Jean de Joinville)은 샹파뉴(Champagne)의 집사(sénéchal), 다시 말해 샹파뉴 영주의 궁정에서 민사 및 군사 두 방면에서 모두 으뜸가는 지위에 있던 인물이었다. 그는 중요한 인물이었고, 상당한 귀족 가문이었지만, 매우 대단한 영주는 아니었다. 하지만 그는 성왕(聖王) 루이의 총신(寵臣) 가운데 한 명이었고, 루이 9세의 생애를 글로 남겼다. 그는 여기서 성왕 루이의 "고결한 언사와 선한 행적"("les saintes paroles et les bons faits")들을 이야기하며, 그의 작품이 루이 9세의 시성(諡聖)에 일조한 것은 틀림없다. 그런데 그는 성왕 루이에 대해서 하는 그만큼 자기 이야기를 한다. 자기중심적이라 그런 것일까? 허영심 때문일까? 절대 그렇지 않다. 그가 국왕 루이 9세를 그처럼 사랑했고, 그에 대해 간직한 기억들이 어찌나 생생하든지, 또 그 기억들이 어찌나 자기 자신의 삶의 기억들과 내밀하게 이어져 있든지, 그는 하나를 다른 하나와 떼어놓을 수 없었던 것뿐이다.

그렇지만 이 기억들은 오래된 기억들이다. 주앵빌이 자신의 작품을 완성한 때인 1309년, 그보다 열 살이 많았던 성왕 루이는 거의 40년 전에 이미 세상을 떠났으며, 주앵빌의 나이 역시 80대였다. 주앵빌은 1317년, 92세를 일기(一期)로 사망하게 된다. 그런데 그의 이야기는 놀라울 정도로 생생하다. 그의 이야기를 읽노라면 여러 행적들, 대화들, 일화들에 대한 기억들이 방금 겪은 그런 기억같다는 인상을 받게 된다.

[오늘 방송하는] 3분 동안, 그의 글에서 무엇을 언급해야 할까? 그토록 자신이 사랑하던 왕 가까이에 있고자 하는 끊임없는 조바심이 좋을 것 같다.

어느 날 성신강림축일에, 코르베유(Corbeil)에서 있었던 일이다. 소르본(Sorbonne) 대학의 설립자인 로베르 드 소르봉(Robert de Sorbon)이, 국왕도 천으로 만든 수수한 옷을 입고 있건만 주앵빌은 '녹색 모피'(de vert et de vair)를 입고 있다고 그를 나무란다. 주앵빌도 그를 심하게 나무란다.

"마지스테르 로베르, 죄송합니다만, 제가 녹색 모피 옷을 입었다 해서 비난받아야 할 일은 아니라고 봅니다. 그도 그럴 것이 제게 이 옷을 물려주신 분이 다름 아닌 제 부친과 모친이니 말입니다. 오히려 비난받아야 할 사람은 바로 그대입니다. 왜냐하면 그대는 평민인 부모에게서 태어났고, 그대 부친과 모친의 옷을 버렸고, 국왕 폐하가 입은 것보다 더 귀한 천으로 만든 옷을 입고 있으니 말입니다." 그런 연후 나는 그의 겉옷 자락과 국왕 폐하의 그것을 함께 들어 보이며 그에게 말했다. "제가 신실을 말했는지 이제 보십시오."[1]

국왕은 로베르 드 소르봉의 편을 든다. 하지만 잠시 후, 루이 9세는 주앵빌을 "내 옷이 그분의 옷에 닿을 정도로 그렇게나 가까이 그분 곁에"("si près de lui que ma robe touchait la sienne") 앉게 한 뒤, 그대의 말이 옳았지만 로베르 드 소르봉이 그처럼 당황해하는 것을 보았기에 그를 도와주었던 것이라 이야기한다.

몇 년 후 성지(聖地)에서 일어난 일이다. 어전(御前) 회의에서 주앵빌은 모두에게 맞서 홀로 자신의 의견을 피력했고, 뒤이은 점심 식사 때 루이 9세는 그에게 냉담한 듯 보였다. 주앵빌이 창문 앞에서, 쇠창살 사이로 두 팔을 내민 채, 쓰라림을 되씹고 있을 때, 누군가 그의 뒤에 와 두 손을 그의 머리에 얹는다. 회의 때 자신과 맞섰던 이들 가운데 한 명이라 여긴 주앵빌은 투덜거리며 몸부림친다. 몸을 돌려 보니 다름 아닌 국왕이었고, 루이 9세는 자신도 그와 같은 생각이며, 그의 말에 따르겠다고 주앵빌에게 이야기한다.[2]

매번, 비난받았다고 믿었지만 후에 칭찬을 받는 데서 오는 더없는 놀라움이 일어난다. 매번, 주앵빌은 몸이 닿을 정도로까지 가까이 국왕 곁에 머문다.

수십 년의 세월이 지나갔다. 국왕 루이 9세가 세상을 떠난지도 벌써 오래되었다. 늙은 주앵빌은 루이 9세의 꿈을 꾸며, 그의 책은 바로 이 꿈에 대한 이야기로 끝을 맺는다.

> 내 생각에는 꿈에서 그분을 보았던 것 같다, 주앵빌에 있는 내 예배당 앞에서. 또 내가 생각하기에, 그분께서는 무척이나 놀랄 만큼 즐겁고 편안해 보였다. 그리고 나 또한 내 성에서 그분을 보게 되었던 만큼 매우 만족스러웠고, 그분께 말씀드렸다: "폐하, 이곳을 떠나시게 되면, 제 영지의 슈비용이라는 도시에 있는 제 집에 폐하를 모시겠습니다." 그러자 그분께서는 웃으시며 이렇게 내게 대답하셨다: "주앵빌 경, 그대에 대한 믿음을 걸고 말하건대, 나는 이곳을 그리 빨리 떠나지 않을 것이오."[3]

분명, 주앵빌은 이런 식으로 완고왕(頑固王) 루이 10세(Louis X le Hutin)로부터 성왕 루이의 성유물을 받아, 그가 이러한 꿈을 꾼 후 자신의 예배당에 봉헌했던 제단에 모시기를 원했다.

그렇다, 그런데 이 꿈은 훨씬 더 많은 것을 말해준다. 우리들 가운데 누가, 가까운 이의 죽음에 충격을 받고, 고인(故人)이 살아 있기를 꿈꾸지 않았겠는가 또 그의 죽음을 어렴풋이 인식하면서도 거기서 행복한 위안을 맛보지 않았을 것인가? 주앵빌은 국왕이 잠시 머물 뿐임을 알지만, 그럼에도 불구하고 그를 조금 더 자신의 집에 붙잡으려 한 가지 계획을 세운다. 마지막으로, 왕은 그를 안심시키며, 자신이 늘 그의 곁에 있을 것이라 그에게 말한다.

이때가 13세기였다… 아니, 주앵빌은 매우 오래 살았다. 이때가 14세기였다.

36

프루아사르 혹은 소설을 닮은 역사

자신에 대해 이야기하는 또 한 명의 사가(史家)가 있다. 하지만 그는 주앵빌과는 별로 닮지 않았다. 그가 바로 중세 연대기 작가들 가운데 가장 유명한 장 프루아사르(Jean Froissart)이다. 몽테뉴(Montaigne)는 그를 언급하기 위해 자신이 아끼던 로마 작가들을 벗어난다.[1] 월터 스콧(Walter Scott)은 그의 작중 인물들 가운데 한 명의 입을 빌려, 이렇게 해서 프루아사르의 방대한《연대기》(*Chroniques*)를 읽을 여유가 충분히 생길 것이라고 그가 감옥에 집어넣은 또 다른 등장인물에게 말하게 한다.[2] 플로베르(Flaubert)의《감정 교육》(*L'Éducation sentimentale*) 마지막 페이지에서, 프레데리크(Frédéric)는 젊은 시절 자신이 프루아사르에 의거해 (또 두말할 필요도 없이, 월터 스콧을 모방하여) 소설을 한 편 쓰고자 계획했었다는 사실을 델로리에

(Deslauriers)에게 상기시킨다.[3]

아마도 1333년에 태어나, 필경 1405년에 세상을 떠났을 프루아사르는 자신의 《연대기》를 백년전쟁(guerre de Cent Ans)의 전반부에 할애한다.[4] 에노(Hainaut) 지방 발랑시엔(Valenciennes) 출신인 그는, 프랑스 국왕의 신민(臣民)이 아니며, 그의 경력을 영국에서, 자신과 동향(同鄕)으로 에노 영주의 딸이자 영국 국왕 에드워드 3세의 아내였던 필리파(Philippa) 왕비의 궁정에서 시작한다. 에드워드 3세는 프랑스 왕위를 두고 발루아 왕가의 필리프 6세(Philippe VI de Valois)에게 이의를 제기하며, 1346년 크레시(Crécy) 전투에서 필리프 6세를 무찌른다. 후일 1356년 그의 아들 흑태자 에드워드(Prince Noir)는 장 르 봉(Jean le Bon), 즉 프랑스 국왕 장 2세(Jean II)를 푸아티에(Poitiers)에서 포로로 사로잡는다. 한편 프루아사르는 자신이 사료(史料)들을 모으기 시작했던 것이 바로 "푸아티에 대전(大戰) 이후"("après la grosse bataille de Poitiers")라 말한다.

그가 사료들을 수집하는 일을 처음 시작한 곳은 다름 아닌 영국의 궁정이며, 그가 자신의 《연대기》를 뿌리내리게 한 곳도 바로 영국사(英國史) 안이다. 《연대기》의 서문은 그가 기사도의 새로운 도래를 체험하고 있음을 믿고 있다는 사실을 보여준다. 여러 이야기들 속에서만 읽어왔던 아서 왕의 기사들의 위업들이, 마침내 "프랑스와 영국의 전투들"("guerres de France et d'Angleterre") 덕분에 우리 눈앞에 실현되었다고 그는 말한다. 그는 미망(迷妄)에서 깨어난다. 《연대기》의 결말은 겉으로 드러나는 양상들에 덜 현혹되는 그의 모습을, 정치적인 처신들과 군사적인 행동마저도 기사도(騎士道)의 이상에 부응하는 일이 별로 없음을 가일층 자각하는 그의 모습을 보여준다. 하지만 그는, 화려한 대목들에 공을 들임으로써, 또 아서 왕 전설에 대한 수많은 이야기들의 기법을 좇아 여러 일화들을 직조(織造)함으로써, 이야기의 방식으로, 즉 소설의 방식으로 역사를 쓴다. 그렇기에 그의 《연대기》는 한 편의 이야기처럼 읽히며, 이 점이 현대의 역사가들을 성가시게 한다. 그도 그럴 것이, 프루아사르를 늘 신뢰할 수 없음에도 불구하고, 그가 어찌나 이야기를 잘 풀어내는지, 신뢰할 만한 다른 출처들을 누르고 막상 받아들여지는 것이 바로 프루아사르의 진술이 되기 때문이다.

무엇 때문에 그가 자신에 대해 말하는 것일까? 이는 약간은 허영심에 의해서이며, 또 대부분은 [그의] 전문가로서의 사명감[召命意識]으로 인해서이다. 프루아사르의 이야기는 1328년부터 시작된다. 하지만 어느 순간 그는 당금(當今)

의 일을 따라잡는다. 이 순간은 그때 여러 사건들이 일어나는 순간인 동시에 그에 대한 정보를 얻기 위해 이루어지는 조사의 순간이 된다. 이러한 방식은, 오르테즈(Orthez)에 있던 푸아(Foix)와 베아른(Béarn)의 영주 가스통 페뷔스(Gaston Phébus)의 궁정에서 에스파냐와 포르투갈에서 벌어진 사건들에 대한 정보들을 모으기 위해, 1388년 가을부터 1389년 봄에 이르기까지 베아른 지방을 여행한 이야기가 주된 내용을 이루는,《연대기》3권에서 정점에 달하게 된다. 오르테즈로 가는 노정(路程)에서, 프루아사르는 푸아의 영주를 섬기는 어느 기사인 에스팡 드 리옹(Espan de Lion)과 조우(遭遇)하며, 기사 에스팡 드 리옹은 거쳐가는 곳곳에 대한 일화들을 프루아사르에게 말해준다.

> 에스팡 드 리옹 경이 내게 들려준 모든 이야기들로 나는 큰 즐거움과 흥을 맛보았으며, 내가 보기에는 가는 길이 지나치게 짧게만 여겨졌다.[5]

그날 밤, 여인숙에서, 자신이 참사회원으로 있는 시메(Chimay)의 자기 집으로 돌아가 이를 정서하고 받아쓰게 할 것을 기다리면서, 프루아사르는 낮에 들었던 모든 것을 적어둔다. 같은 일이 오르테즈에서도 일어나며, 두 사람이 모두 묵고 있던 륀(Lune) 여인숙에서, 용병대장(capitaine de compagnie) 르 바스코 드 몰레옹(le Bascot de Mauléon)은, 프루아사르 덕분에 후대에 전해지는(이는 증명되었다, 우리가 지금도 여전히 이에 대해 이야기하고 있으므로) 원정 종군에 대해 이야기한다: "당신이 바로 역사가입니다"("Vous qui êtes historien"),[6] 그는 프루아사르에게 말한다. 연대기는 이렇게 현지 보도자의 기억들로 변모하기도 한다.

《연대기》 4권에서 그는 많은 기억들을 간직한 영국을 찾았던 마지막 여행에 대해 이야기한다. 그러나 모든 것이 바뀌었다. 프루아사르는 늙었다. 어느 누구도 더 이상 그를 알지 못한다.

> 내가 도버에 왔을 때, 나는 내가 영국에 자주 드나들던 시절에 알고 있었던 사람은 한 명도 만나지 못했고 새로운 사람들이 새로 단장한 여인숙들이 있었다. 그리고 어린 아이들, 소년들과 소녀들은 성인 남녀가 되어버렸고, 그들은 나를 알아보지 못했고 나도 그들을 알아보지 못했다.[7]

그래도 그는 죽음이 그를 멈추게 할 때까지 주저 없이 자신의 대하(大河) 연대기를 계속 써나갈 것이다. 이때가 14세기였다.

37

사랑의 유년기

프루아사르의 《연대기》는 그의 생전에 벌써 명성을 누렸다. 그가 쓴 시 작품은 동일한 성공을 경험하지 못한다. 물론, 1388년에서 1389년으로 넘어가던 겨울 동안 오르테즈에서, 자신이 매일 밤 자정 가스통 페뷔스에게 아서 왕 전설에 관한 그의 방대한 운문 이야기 《멜리아도르》(*Méliador*)를 읽어주러 성에 올라가야만 했고, 가스통 페뷔스는 이에 대해 자신에게 후사(厚賜)했음을 프루아사르는 우리에게 말한다.[1] 그런데 이 이야기는 그 이후 소실(消失)되었다가 19세기 말이 되어서야 다시 발견된다. 프루아사르가 쓴 시들은, 자신이 직접 감독했던 두 개의 필사본들에만 남아 전해질 뿐이다. 그 가운데 하나가, 그의 마지막 영국 여행 때 국왕 리처드 2세(Richard II)에게 헌정한 것이다. 자신의 조모(祖母)의 궁정에 자주 드나들었던 이 노옹(老翁)의 선물에 군주 리처드 2세가 대단한 관심을 보였는지 여부는 알려지지 않았다.

그렇지만 그의 시들은 읽어볼 가치가 있다. 우선, 이 시들은《연대기》와의 어떤 대화를 담고 있다. 일례로,〈플로린 주화(鑄貨) 이야기〉(Dit du Florin)는 프루아사르가 어떻게 아비뇽(Avignon)에서 가스통 페뷔스에게《멜리아도르》를 읽어준 사례로 받았던 거금(巨金)을 도둑맞았는지를 이야기해준다.[2] 그런데 대화는 전반적으로 다른 성격을 갖는다.《연대기》는 조금씩 조금씩, 앞서 우리가 보았던 것처럼, 자서전(自敍傳)으로 변모한다. 시들은 유사하면서도 상이한 어떤 자서전을 내비친다. 여러 사건들이나 사실들에 대한 자서전이 아닌,《장미 이야기》가 선보였던 방식에 따라 때때로 알레고리 뒤에 숨겨진 어떤 감정의 자서전을. 이 모든 것이 전혀 매혹적이지 않다고 혹자는 말할지도 모른다. 하지만…

《사랑의 산사나무 덤불》(*L'Espinette amoureuse*)을 펼쳐보자.[3] 물론, 새로울 것 없는 어떤 사랑의 감정 입문이다. 시인은 어느 정원에서 이야기를 읽고 있는 한 젊은 여인을 만난다. 문학이 그들에게 어떤 공감대를 제공한다. 그는 사랑에 빠지며, 시의 나머지 부분은 온통 그의 괴로움들과 그의 불안들로 채워진다. 그녀가 내 시를 읽었을까? 그녀는 내 시를 어떻게 생각했을까? 마침내 그녀가 내가 건넨 장미를 살짝 미소지으며 받았을 때, 그런 몸짓이 뜻하는 바는 무엇일까? 이야기를 훌륭히 낭독했다고 큰 소리로 나를 치하(致賀)할 때, 이런 찬사는 표현된 것 이상을 의미하는 것일까? 그녀가 춤을 출 때, 내가 그 자리에 없다면, 괴로워하는 것이 맞는 일일까? 수많은 미미한 표지들, 은밀하고 불분명한 모든 것을 어떻게 해석해야 할까? 그녀가 분명하게 자신의 사랑을 내게 밝히는 것은 꿈속에서이다. 시의 마지막에서, 아름다운 여인의 마지막 몸짓은, 지나가면서, 사랑에 빠진 남성의 머리카락을 끌어당기는 것이다. 가해(加害)일까 아니면 간접적인 유혹일까? 시인은 두 번째 해석을 선택했다. 독자는 더 비관적이다. 처녀가 몸짓과 더불어 했던 말은 그다지 고무적이지 않다. 시는 이런 모호함으로 끝을 맺는다.

그뿐일까? 아니다. 처음에, 일종의 긴 프롤로그에서, 시인은 "열두 살이 채 안 된 아이들이 하는 유희를 즐길"("jouait encore aux jeux des enfants de moins de douze ans") 정도로 매우 어린 나이에 사랑의 신을 섬기게 되었다고 말하며,[4] 실제로 수백 개의 놀이를 열거한다.[5] 그는 또 자신이 어린 소녀들이 많이 있던 학교에 보내졌다고 말한다.

무지한 이들을 가르치는
학교에 내가 들어갔을 때
그곳에는 어린 소녀들이 여럿 있었고
그 소녀들은 당시 모두 어렸다
또 순진했던 나는 소녀들에게
내밀었다, 작은 브로치들을
혹은 사과 한 알, 혹은 배 한 개
혹은 수수한 유리 반지를
또 내가 보기에, 혹 사람들이 진실을 찾고자 한다면,
소녀들의 호의를 얻는 것은 커다란 위업이었다
사실이 진정 그와 같았으니
나는 어떤 것도 왜곡하지 않았다.[6]

요컨대, 이 도입부 전체는 사랑을 경험하기 전에만, 많은 고통 및 환멸과 함께 사랑을 발견하는 나이에 이르기 전에만, 사랑을 충분히 알 수 있다는 것을 말해주기 위한 것이고, 그 이후에는 당시 알 수 없던 저 사랑을 행복한 순진함 속에서 미리 느낀 유년의 놀이들, 그 시절을 아쉬워하며 남은 삶 전부를 보낸다는 것을 알려주기 위한 것이다. 이때가 14세기였다.

38

"오랜 기다림의 숲에서"

샤를 도를레앙(Chalres d'Orléans)은 초등학교용 시인처럼 보인다(요컨대, 예전의 초등학교용). "계절은 제 외투를 벗어 던졌네/바람과 추위, 그리고 비의"[1] "'겨울', 그대는 소인(小人).[2]/'여름'은 고귀하고 상냥하다"[3] 등의 시에서 드러나듯, 어린아이들은 '겨울'이 나쁘고 '여름'은 상냥하다고 이해하지, 시인이 의도하는 것처럼, '겨울'이 천한 평민[常民]인 데 반해 '여름'은 귀족이라고 받아들이지 않는다. 굳이 아이들의 오해를 풀어줄 필요는 없다

샤를 5세(Charles V)의 손자, 샤를 6세(Charles VI)의 조카, 루이 12세(Louis XII)의 부친인 오를레앙 공작 샤를은, 그럼에도 불구하고, 귀족으로 산다는 것이 어떤 것인지를 잘 알고 있었다. 그가 열세 살이던 1407년 11월 23일, 샤를 6세의 형제

였던 그의 부친 루이 도를레앙(Louis d'Orléans)이 사촌이던 부르고뉴(Bourgogne) 공작 장 상 퓌르(Jean San Peur)의 명을 받은 자에게 암살당한다.[4] 스물한 살이던 1415년 10월 25일, 그는 아쟁쿠르(Azincourt) 전투에서 영국군의 포로가 된다. 그는 25년 동안 영국에서 포로 생활을 하게 된다. 그도 그럴 것이, 국왕 샤를 6세는 광인(狂人)이고 황태자의 정통성에 이론의 여지가 있던 차에,[5] 어떻게 프랑스 왕위를 주장할 수도 있던 이 백합꽃 문양 왕가의 왕족(王族)을 풀어주겠는가? 하지만 샤를 도를레앙은, 당시에는 아직 명명(命名)되지 않았던, 일종의 스톡홀름 신드롬(syndrome de Stockholm)을 키우며 영국인들에게 호감을 품는다.[6] 그런데 그는 정치적인 성향을 전혀 갖고 있지 않았다. 그는 시를 썼다. 1440년 프랑스로 돌아온 뒤에 그는 훨씬 더 많은 시를 쓰게 될 것이다. 1450~1455년경에 필사된 한 모음집에서, 그는 자신이 쓴 시들을 다른 시인들, 측근들, 혹은 그의 궁정이 있던 블루아를 거쳐갔던 방문객들의 여러 작품 옆에 손수 옮겨 적는다.[7]

그의 시들은 물론 때때로 정치적 상황을 암시하거나("평화, 진정한 기쁨의 보화[寶貨]를 위해 기도드리라!"["Priez pour Paix, le vrai trésor de joie!"]),[8] 포로 시절 자신의 처지를 암시한다.

어느 날 프랑스를 향해 눈길을 던지다가,
도버 바닷가에서 생각이 났다네,
지난날 저 곳에서 내가 맛보곤 했던
달콤한 즐거움의 기억이…[9]

하지만 샤를 도를레앙의 시에서 지극히 빈번하게 나타나는 것은, 의인화된 두 인물들,—시인이 그의 '학생'(écolier)임을 자처하는 우수(憂愁, Mélancolie), 그리고 '무관심', '무슨 소용이냐' 등의 감정을 뜻하는 초연(悄然, Nonchaloir)—이 지배하는, 매정하고 어느 정도는 서글픈, 일상의 그런 시이다.

오늘 성 발렌티니우스(Valentinius)의 날,
저마다 응당 자기 짝을 골라야 하는 때,
사랑이여, 나는 짝 없이 남아 있어야 하는가,
그대 전리품을 함께 나누지 못하고?

잠에서 깨자마자, 아침에,
나는 생각하는 것을 멈출 수 없었네,
오늘 성 발렌티니우스의 날에.

하지만 초연, 나의 의사가
맥을 짚으러 내게 와서는,
쉴 것을 내게 권했네,
푹신한 자리에 다시 들어가 잠들 것을,
오늘 성 발렌티니우스 날에.[10]

샤를 도를레앙의 시, 그것은 한 번 들으면 머리에서 떠나지 않고 맴도는 그런 소곡(小曲)으로, 후렴구를 사용해 발라드에 리듬을 붙이는, 또 위의 인용처럼 후렴구 주위를 짧은 롱도가 감싸는 그런 시이다.

날씨와 계절의 경우, "겨울, 그대는 소인(小人)"("Hiver, vous n'êtes qu'un vilain") "계절은 제 외투를 벗어버렸네"("Le temps a laissé son manteau") "겨울에는, 불[火], 불,/여름에는, 마시기, 마시기"("En hiver, du feu, du feu,/Et en été, boire, boire").[11] 일시(日時)와 계절들로는, 성 발렌티니우스 날, 5월 1일, 새봄 축제(fête du Renouveau). 소소한 즐거움들로는, "욕조(浴槽)에서 저녁 식사, 선상(船上)에서 점심 식사"("Souper au bain et dîner en bateau").[12] 시간은 흐르고 노년이 찾아온다. 순간의 시(詩)인 동시에 매 순간을 노쇠(老衰)의 표지 아래 두는 시가 모습을 드러낸다.

오랜 기다림의 숲에서
운명의 거센 바람에 의해
그리도 많은 나무들 쓰러진 것을 보니
맹세하건대, 찾을 길 없네,
지금은, 길도 오솔길도.

지난날, 나 여기서 기쁨 어린 수입을 거두었고,
젊음은 그것을 그 자리에서(현금으로) 지불했었지.
이제 내가 가진 값진 것 전무(全無)하니,
오랜 기다림의 숲에서.

노년이 말하기를, 나를 고통스럽게 하는,
"네게는 푼돈도 판매세도 남지 않았다
지난날 네가 거두었던 그것들.
너의 나날들, 해들과 달들은 흘러갔다.
더 바라지 말고 만족하여라
오랜 기다림의 숲에서!"[13]

이 숲, 이것은 목적지에 다다르고자 조바심 내는 연인의 오랜 기다림이다. 노년은 그 나이에 이르면 기다림이 헛된 것이 된다는 점을 시인에게 이야기한다. 그러나 바람 불고 죽은 나무들 뒤덮인 숲에 어찌 그만의 매력이 없겠는가! 우수의 그것, 초연의 그것이 있으니…

이때가 15세기였다.

39

"그대들, 그를 여기 버려두려는가, 불쌍한 비용을?"[1]

1458년, 블루아(Blois)에서, 샤를 도를레앙이 시회(詩會)를 주최한다. 참가자 저마다 첫 구절이 "나는 샘물 곁에서 목마름에 죽어간다"("Je meurs de soif auprès de la fontaine")로 시작하는 발라드 한 편을 지어야만 했다. 샤를 도를레앙의 개인 문집에 보존된 여러 편의 발라드들 가운데 하나가 비용의 것이다. 비용이 지은 발라드의 후렴구는 "환영받으며, 저마다에게 배척당하네"("Bien accueilli, repoussé de chacun")였다.[2] 모순적인(이것이 경연 조건이었다) 이 시구들이 그를 상당히 잘 정의해준다.[3] 프랑수아 비용은 인정받은 시인(그는 블루아 궁정에 받아들여지고, 그의 작품은 최초의 인쇄본들 가운데 모습을 드러낸다), '정상적인'(normal) 학생, 그러나 생기 없이 시들어, 내가 제명에서 후렴구를 인용했던 발라드 안에서 자신의 벗들에게 도움을 호소하는 전과자(前科者)였다.

'정상적인' 학생으로, 비용은 파리 대학에서 1449~1452년 사이에 빨리 학위를 받는다(그는 1431년 혹은 1432년에 태어났다). 어느 유력자, 그에게 "아버지 이상의 분이었던 기욤 드 비용"("plus que père, maître Guillaume de Villon")이 그의 후견인(後見人)이 되며,[4] 그에게서 자신의 이름을 받는다(그는 이전에는 프랑수아 드 몽코르비에[François de Montcorbier]라는 이름으로 알려졌다).[5] 하지만 1456년 살인죄로 체포되고, 같은 해 나바르 신학교(collège de Navarre)에 침입하여 절도 행각을 저지르며, 이유는 알려지지 않았으나 1461년 여름 내내 오를레앙(Orléans) 주교에 의해 묑-쉬르-루아르(Meung-sur-Loire)에 투옥된다. 파리로 돌아와서는 1462년 11월 체포된다. 풀려나지만 그 며칠 뒤 어떤 난투극에 연루되어 다시 체포된다. 사형 선고를 받았으나 1463년 1월 추방형으로 감형된다. 그 이후의 그의 종적(蹤迹)은 아무도 알지 못한다.

비용이 남긴 두 편의 중요한 시는 유언(遺言)의 형태를 취한다. 《유증시(遺贈詩)》(*Lais*)(유증[遺贈, legs] – 예전에는 소유언[小遺言, Petit Testament]이라 불렸다)와 《유언의 노래》(*Testament*)(대유언[大遺言])가 그것이다. 유언의 형태를 빌린 시는 죽음에 직면한 그런 시이다. 하지만 1456년 《유증시》를 작성할 때, 비용은 죽는 것을 염두에 두지 않았다. 그는 자신을 기망(欺罔)한 여인에게서 벗어나 파리를 떠나는 순간, 자신이 가진 것들을 유증한다는 점을 밝힌다(나바르 신학교 절도 사건 이후 내린 용의주도한 결정이다).[6] 그러나 1461년 말, 《유언의 노래》를 쓸 때, 그는 "묑의 가혹한 감옥"("la dure prison de Mehun")에서의 투옥(投獄) 생활과 갖가지 치욕들, 가혹한 처사들, 결핍들을 막 겪은 터였다. 서른 살이었던 비용은 나이에 비해 노쇠했고, 병들었다. 그는 자신의 임종(臨終)이 임박했음을 느낀다.

나 [임종 말기의] 갈증이 다가오는 것을 느끼니
솜같이 하얗고, 공처럼 큰
담(痰)을 내뱉고 있다.[7]

위의 인용 구절에서, 원문의 'Jacoppins'은 '담'(痰, 가래)으로, 이는 자코뱅 수도사들, 즉 도미니코회 수도사들이 하얀 수도복을 입기 때문이다.

《유언의 노래》가, 지금 우리에게는 아무것도 알려지지 않은 당대 사람들을 겨냥한, 또 비용의 진짜 속내를 파악할 수 없는 암시들로 가득한, 우스꽝스럽고 터무니없는, 가상의 유증물들을 열거하는 데 그쳤을 뿐이라면, 이 작품이 오늘날 우리 시대까지 이와 같은 성공을 거둘 수 있었을까? 아니다. 이 작품의 명성을 드높인 것은 바로, 첫 구절부터 밀려들어 작품의 성격을 바꾸고 그 흐름을 돌리는 강박적인 불안과 고통이다.

내 나이 삼십 세에 이른 해,
그때 온갖 치욕을 마셨고,
수없는 고초를 겪었음에도 불구하고
전적으로 어리석지도 전적으로 현명하지도 않으니,
그 모든 고난들을 나 받았으니
티보 도시니 수하(手下)에서…
주교라고 그가, 거리에서 십자 성호를 그어 강복해도
나의 주교일 수는 없으니, 나 이를 거부하노라.[8]

위에서 인용한 대목은《유언의 노래》의 서두이다. 처음에 사용된 단어들은 유언, 공증인 문체의 관용 표현에 들어 있는 것이며,《유증시》의 시작도 다르지 않다.

일천사백오십육년
나, 프랑수아 비용, 학생

건강한 정신으로, 생각해보니…[9]

그런데 "들이마신 치욕들"("hontes bues")과 "겪었던 고초들"("peines eues")을 언급하는 것이 해묵은 고통들, 오래된 분노들을 되살아나게 한다. 티보 도시니(Thibaut d'Aussigny)에 대한 격분(激忿)으로 비용의 감정은 격해진다. 문장은 궤를 벗어나, 중단된다. 이 문장은 결코 완결되지 못할 것이다. 수백 행에 걸쳐, 비용은 주교를 저주하고, 자신의 고통들, 자신의 청춘 시절, 자신의 불행들, 자신의 과오들, 자신의 삶과 인간의 삶, 자신의 죽음과 모든 인간의 죽음을 이야기한다.

죽음은 몸을 떨게 하고, 얼굴은 창백하고
코는 구부러지고 혈관은 부풀어 올라,
목은 붓고 살은 물러지며,
관절과 힘줄은 굵어지고 늘어나게 된다.[10]

'유언'이라는 틀이 아니라, 바로 비용의 강박이 죽음의 현존을 강제한다. 육신의 사멸(死滅)에 대한 강박은, 《유언의 노래》 밖에서, 유명한 〈목 매달린 자들의 발라드〉(Ballade des pendus)에서도 발견된다.[11]

빗물은 우리를 헹구고 씻기며
햇빛은 우리를 말려 검게 태운다
까치와 까마귀는 우리들의 눈을 파내고
수염과 눈썹을 뽑아버렸다.[12]

실상 비용은 교수대를 가까스로 피했다. 그는 진정 악한(惡漢)이었다. 더구나 그는, 밀고자[密偵]들이 알아채지 못하도록 무뢰한들이 사용하던 은어(隱語)로 여러 편의 발라드를 썼다. 그런데 진짜 무뢰한들이 발라드를 쓰기 위해 은어를 사용할까? 그런 자들이 〈목 매달린 자들의 발라드〉를 쓸까? 우리가 진실에 접하기 위해서는 시의 거리가 필요하다.

이때가 15세기였다.

40

그래 이제, 읽어본다면?

본 라디오 방송 코너에서 우리가 이야기했던 첫 번째 시는 〈성녀 욀랄리 연송〉이었고, 마지막은 프랑수아 비용의 《유언의 노래》였다. 〈성녀 욀랄리 연송〉(881)과 비용의 《유언의 노래》(1461) 사이에 흘렀던 시간은 비용의 《유언의 노래》와 지금 우리 사이에 흐른 그것보다 더 길었다. 우리가 중세(Moyen Âge)라 부르는 시기는 매우 장구(長久)한 시기이며, 그처럼 장구하기에 거의 지금의 우리에게까지 확장시킬 수도 있을 것이다. 자크 르 고프(Jacques Le Goff)는 중세가 산업 혁명까지 연장된다고 보았다.

하지만 시대 구분에 쏟는 노력들은 늘 어느 정도 무용하다. 내가 말하고자 한 것은 그저, 불분명한 윤곽들을 가진 이 거대한 중세 안에서, 결국 내가 지극히 미미한 조금의 것만을 이야기했다는 점, 또 내 관심 분야인 시에서 벗어나지 않았다는 사실이다. 넓은 의미에서의 시(詩)—'문학'(littérature)이라 할 수 있지만, 이 용어를 중세에 적용시키기는 어렵다—만을 다루며, 하지만 그럼에도 로망어로 된 속어(俗語) 문학보다 더 풍성하고 또 어떻게 보면 더 중요한 라틴 문예(lettres latines)를 배제하면서, 게다가 실질적으로 오일어와 오크어에만 논의를 한정하는 동시에 게르만어나 켈트어 등의 다른 로망어 영역을 넘나드는 것은 지극히 드물게만 암시하면서 말이다. 하지만 내 입장과 관점은 어떤 수업이나 교재, 여느 백과전서의 그것이 아니었다.

나는 중세 시를 읽는 것을 희구(希求)하는 욕망을 여러분들에게 불어넣고자 바랐다. 나 스스로도 중세의 시를 읽는 것에서 그렇게나 큰 기쁨을 느낀다! 나는 내 개인적인 취향을 따랐다. 낭만주의 작가들처럼, 나는 중세 시와 민중시(poésie populaire) 사이의 울림에 예민하다. 요컨대 시대마다 또 감성마다 자신들의 중세를 갖고 있다. 낭만주의 시인들의 중세가 있었다. 우리가 이미 살펴보았듯이, 저주받은 시인들의, 몽마르트르 가객들의, 보다 이후에는 레오 페레와 조르주 브라상스(Georges Brassens)의 뤼트뵈프와 비용이 있었다. 조르주 브라상스는 남달리 중세와 민중의 노래 사이의 연속성에

민감하다: "작은 플루트 연주자/성에 음악을 가져왔네"("Le petit joueur de flûteau/Menait la musique au château.").[1] 오늘날에는, 앵글로색슨 민족의 영어권 세계를 통해 우리에게 오는, '영웅 판타지'(heroic fantasy), 역할 수행 게임 등에서 그려지는 아서 왕 전설의 세계가 주는 매혹이 있다. 지역 언어(langue régionale)들이 중세 때 어떻게 뿌리를 내렸는지에 대한 관심도 있다. 트루바두르들에게서 길어 올린, 때때로 독창적인 음악적 영감이 있다.

중세 시의 일부분들을 들려주면서, 여러 예들을 거치는 동안 중세 시를 읽고자 하는 마음이 생기기를 나는 바랐다. 이 방송분들 하나하나가 일종의 '티저'(teaser)—오늘날 프랑스어에서도 그대로 쓰이듯(중세에 프랑스어를 사용했던 영국이 그렇게나 많은 프랑스어 어휘들을 영어에 유입했던 만큼, 이런 경향이 뒤바뀐 것에 대해 우리 프랑스인들이 지나치게 불평을 늘어놓을 이유는 없을 듯하다)—, '짧은 예고편'이 되기를 바라 마지않았다. 중세의 시들, 중세의 이야기들, 중세의 무훈시들을 읽는 것은, 생각하는 것보다 더 쉬운 일이다. 방해가 되는 것은 언어이다. 그럼에도 불구하고, 그저 현대 프랑스어 번역만을 읽지는 말기 바란다. 여러분들의 기대가 어긋날 수도 있으니 말이다. 요즘에는, 원문과 현대어 번역을 나란히 제시하는, 혹은 어쩔 수 없이 페이지 하단에 원문을 제시하는 대역판(édition bilingue)들이 여럿 있다. 여러분들이 주로 또 거의 전적으로 현대어 번역만을 읽을지라도, 때때로 원문에 눈길을 던진다면 중세 원문의 풍미, 빼어난 솜씨, 매력, 리듬을 감지할 수 있을 것이다. 또 현대어 번역을 함께 활용함으로써, 원문을 더 잘 이해하게 된다는 점을 알게 될 것이다. 여러분들이 원문의 두세 페이지를 연이어 읽어보려 애써본다면, 또 여러분들이 제멋대로인 듯 보이는 원문의 철자법에 익숙해진다면, 앞으로 여러분들에게 거의 현대어 번역이 필요하지 않을 것이라는 점을 알게 될 것이다.

물론, 세상에 중세만 있는 것은 아니다. 그러나 중세 시는 그처럼 멀리 떨어져 있어 우리를 우리 자신으로부터 벗어나게 하며, 또 그리도 가까이 있어 거기서 우리는 우리를 다시 보게 된다. 바로 이것이 우리가 독서와 예술에서 기대하는 바가 아닐까?

주

한국어판 서문

1. (옮긴이) 지극히 당연한 이야기이겠지만, 여기 실은 한국어판 서문은 프랑스에서 출판되었던 원서에 들어 있지 않은 것이다. 번역자의 미숙함을 드러낼 것임을 알면서도 굳이 프랑스어 원문을 수록한 것은, 저자 특유의 힘있는 문체, 원래의 글에 담긴 설명하기 힘든 매혹의 힘을 함께 나눔으로써, 독자들이 중세의 시, 먼 과거의 목소리인 동시에 지금도 반향되는 울림을 찾아 성큼 한 걸음을 더 내디딜 수 있으리라 믿었기 때문임을 밝혀둔다.

Ce petit livre, qui paraît aujourd'hui en coréen grâce à la compétence et à la générosité de son traducteur, le professeur Kim Jun-Hyun, souhaite à ses lecteurs coréens bienvenue au Moyen Âge comme il le fait à ses lecteurs français. Mais ce souhait de bienvenue n'a pas tout à fait le même sens pour les uns et pour les autres.

En France, le Moyen Âge, c'est-à-dire le millénaire qui s'étend de la chute de l'empire romain à la Renaissance, est souvent considéré comme une époque sombre et violente, marquée par l'ignorance et la cruauté. Souhaiter bienvenue au Moyen Âge sonne donc comme un paradoxe. Mais des lecteurs appartenant à une autre civilisation que la civilisation européenne n'ont pas ces préjugés. La bienvenue que je leur souhaite ne peut ni les étonner ni les choquer. Ils peuvent aborder sans réticence, et avec la fraîcheur d'esprit qui convient à sa lecture, la poésie ancienne et lointaine à laquelle je voudrais les introduire.

Car c'est de poésie et de littérature qu'il est ici question. Une littérature peu connue, même en France, parce que l'ancien français n'y est plus compris et parce que le latin est oublié. Une littérature originale. Originale parce que la langue qu'elle utilise est en train de naître et qu'elle produit des formes poétiques neuves. Originale, parce qu'elle veut imiter la littérature latine tout en allant puiser, hors du monde latin, dans des mythes et des légendes celtiques ou germaniques. Originale, parce qu'elle invente une conception et une expression de l'amour nouvelles. Originale enfin, parce qu'elle est modelée par le christianisme, qui s'impose alors comme la religion de l'Europe.

Ce livre est fait d'une succession de brefs chapitres. C'est que ces chapitres étaient à l'origine autant de très courtes émissions de radio, diffusées chaque jour pendant tout un été sur une chaîne écoutée par un public très large. C'est pourquoi le propos est simple et accessible même à ceux qui n'ont aucune connaissance préalable ni du Moyen Âge ni de la littérature française. Mais s'il est simple, il essaie de n'être pas simpliste. J'ai cherché à faire comprendre et à faire sentir la subtilité de cette poésie, sa profondeur et tout ce qui, quel que soit notre horizon culturel, nous la rend proche alors qu'elle vient de si loin.

서문

1. (옮긴이) Https://www.franceinter.fr/emissions/bienvenue-au-moyen-age.

1. 왜 중세인가?

1. (옮긴이) 알렉상드르 아스티에(Alexandre Astier), 알랭 카포프(Alain Kappauf), 장-이브 로뱅(Jean-Yves Robin)이 만든 유머러스한 텔레비전 시리즈물로, 2005년 1월 3일부터 2009년 9월 31일까지 M6 채널에서 방영되

었다. 2006년부터 점차 대중적인 인기를 누리게 된 이 시리즈물은 아서 왕 전설을 토대로 삼고 있으나, 권좌에 있는 것을 힘겨워하는 아서 왕과 무능한 원탁의 기사들을 보여줌으로써, 원래의 전설과는 다소 차이를 보이는 희극적인 설정으로 진행되었다.

2. (옮긴이) 1176년 무렵 썼을 것으로 추정되는 크레티앵 드 트루아의 두 번째 작품이다. 콘스탄티노플 황제의 아들 알렉상드르(Alexandre)가 기사 서임을 받기 위해 아서 왕의 궁정으로 왔다가 이곳에서 소레다모르(Soredamor)와 사랑에 빠지게 되는 것으로 이야기가 시작된다. 이 두 연인의 결혼에서 태어난 아들이 바로 클리제스이며 이후 작품의 두 번째 부분에서는 클리제스와 여주인공 페니스(Fénice)의 사랑을 중심으로 이야기가 전개된다. 이 작품은 동방의 비잔티움 제국과 아서 왕 세계를 연결시키는 작품이라는 점에서뿐만 아니라 보다 당대의 실제 사실에 부합한다는 면에서도 주목할 만하다.

3.
Ce nos ont nostre livre apris	Nos livres nous ont appris
Que Grece ot de chevalerie	que la Grèce fut, en chevalerie
Le premier los et de clergie;	et en savoir, renommée la première;
Puis vint chevalerie a Rome	puis la chevalerie vint à Rome
Et de la clergie la somme,	avec la totalité de la science.
Qui or est en France venue.	Maintenant elles sont venues en France.
Dex doint qu'ele i soit retenue	Dieu fasse qu'on les y retienne assez
Tant que li leus li embellisse	pour que le lieu leur sourie,
Si que ja mais de France n'isse	si bien que jamais ne sorte de France
L'ennors qui s'i est arestee.	la gloire qui s'y est arrêtée.

(Chrétien de Troyes, *Cligés* suivi des *Chansons courtoises*, Charles Méla et Olivier Collet éd., Le Livre de Poche, coll. Lettres gothiques, 1994, vv. 30-39)

이 책에서는 'Lettres gothiques' 총서에 의거 크레티앵 드 트루아의 모든 작품을 인용하였다. 크레티앵 드 트루아의 작품은, 'Lettres gothiques' 총서처럼 원문을 같이 참조할 수 있는 한 권의 책으로 묶인 바 있다:

Chrétien de Troyes, *Romans*, Michel Zink dir., Le Livre de Poche, coll. La Pochothèque, 1994.

2. 〈성녀 윌랄리〉, 가장 오래된 프랑스 시

1. Buona pulcella fut Eulalia.

    Eulalie était une jeune fille parfaite.

    Bel auret cor, bellezour anima.

    Son corps était beau, son âme plus belle encore.

    Uoldrent la veintre li Deo inimi,

    Les ennemis de Dieu voulurent la vaincre,

    Uoldrent la faire diaule servir...

    Ils voulurent lui faire servir les diables…

    (*Les Séquences de sainte Eulalie*, Roger Berger et Annette Brasseur éd., Genève: Droz, 2004, vv. 1-4)

2. (옮긴이) 9세기에 만들어진 전체 29행의 짧은 시로, 289년 바르셀로나에서 태어나 304년 12월 10일 로마 황제 막시미아누스 치하에서 순교한 성녀의 이야기를 전한다. '연송'으로 옮긴 'séquence'는 '딸림노래'라고도 불리며, 원래 중세 종교음악에서 사용된 말이다. 리트레 사전의 정의에 따르면, 장엄미사에서 층계송(層階誦, le graduel)과 알렐루야(alleluia) 다음에 부르는 운율을 맞춘 독창곡을 가리킨다. 미사전례 가운데 가장 오래된 성가인 층계송은 주로 시편으로 구성되며, 제1독서 다음에 이루어지는 독서에 대한 응답이다. 라틴어 'sequentia'에서 프랑스어의 'séquence', 이탈리아어 'sequènza' 등이 파생되었다.
3. (옮긴이) 《가톨릭대사전》에 따르면, 히브리어 동사 '힐렐'(hillel, 찬미하다)의 명령형인 '할렐루'(hallelu)와 하느님을 뜻하는 야훼(jahve)의 약자 '야'(jah)가 합성된 말로, '야훼 하느님을 찬미하라'는 의미를 갖는다.

3. 하나의 비유에 대한 두 언어

1. (옮긴이) 《가톨릭대사전》에 따르면, 그레고리오 성가는 로마 교회의 전례용 성가로 전례와 함께 정형화되었다. 7세기 교황 성 그레고리오(Gregorius) 1세 때 형성된 것으로, 구전되던 성가를 집대성하여 정착화시켰기에 이후 그레고리오 성가라 불리게 된다. 그러나 14세기 이후 다성음악(多聲音樂)이 점차 보급되면서 그레고리오 성가는 대중의 관심에서 멀어지게 된다.
2. (옮긴이) 《가톨릭대사전》에 의거하면, 부활절 바로 전의 주일로 예수가 수난을 당하기 전 예루살렘에 입성한 것을 기념한다. 성지 축성과 성지 행렬의 전례는, 예수의 예루살렘 입성 때 백성들이 승리의 상징으로 종려나무 혹은 올리브나무 가지를 예수가 가는 길에 깔았던 것에 연유한다.
3. (옮긴이) 라틴어와 오크어로 기술된 작자 미상의 전례극으로 '신랑극 혹은 열 명의 슬기로운 처녀들과 열 명의 어리석은 처녀들에 대한 성사극'(*Drame de l'époux* ou le *Mystère des vierges sages et des vierges folles*)이라고도 불린다. 이에 대해서는 Michel Zink, "Les deux sens du *Sponsus*: la leçon de la glose et le langage du drame", *Revue de Musicologie*, 86, n° 1(2000), pp. 29-35를 참조.
4. (옮긴이) 〈마태오 복음〉 25장 1-13절에 걸쳐 이야기되는 '열 처녀의 비유'는 다음과 같다: "그때에 하늘 나라는 저마다 등을 들고 신랑을 맞으러 나간 열 처녀에 비길 수 있을 것이다./그 가운데 다섯은 어리석고 다섯은 슬기로웠다./어리석은 처녀들은 등은 가지고 있었지만 기름은 가지고 있지 않았다./그러나 슬기로운 처녀들은 등과 함께 기름도 그릇에 담아 가지고 있었다./신랑이 늦어지자 처녀들은 모두 졸다가 잠이 들었다./그런데 한밤중에 외치는 소리가 났다. '신랑이 온다. 신랑을 맞으러 나가라.'/그러자 처녀들이 모두 일어나 저마다 등을 챙기는데,/어리석은 처녀들이 슬기로운 처녀들에게 '우리 등이 꺼져 가니 너희 기름을 나누어 다오.' 하고 청하였다./그러나 슬기로운 처녀들은 '안 된다. 우리도 너희도 모자랄 터이니 차라리 상인들에게 가서 사라.' 하고 대답하였다./그

들이 기름을 사러 간 사이에 신랑이 왔다. 준비하고 있던 처녀들은 신랑과 함께 혼인 잔치에 들어가고, 문은 닫혔다./나중에 나머지 처녀들이 와서 '주인님, 주인님, 문을 열어 주십시오.' 하고 청하였지만,/그는 '내가 진실로 너희에게 말한다. 나는 너희를 알지 못한다.' 하고 대답하였다./그러니 깨어 있어라. 너희가 그 날과 그 시간을 모르기 때문이다."

5. Dolentas, chaitivas, — Malheureuses, misérables,
   Trop i avem dormit! — Nous avons trop dormi!
6. Dolentas, chaitivas, — Malheureuses, misérables,
   Trop i avez dormit! — Vous avez trop dormi!

4. 아랍을 거쳐, 잃어버린 어떤 시를 찾아서

1. (옮긴이) 라틴어 원문은 다음과 같다. "Sunt quidam, et maxime mulieres, qui festis ac sacris diebus atque sanctorum natalitiis, non pro eorum quibus debent delectantur desideriis advenire; sed ballando, verba turpia decantando, choros tenendo ac ducendo, similitudinem paganorum peragendo, advenire procurant"(John Haines, *Medieval Song in Romance Languages*, Cambridge University Press, 2010, p. 64).
2. (옮긴이) '하르차'는 11세기에 만들어진 정형시인 무왓샤하트의 마지막 시연에 나오는 마지막 시구를 지칭한다. 현재 약 칠십여 편의 무왓샤하트가 전해지고 있으며, 1948년 사뮈엘 스턴(Samuel Miklos Stern)에 의해, 주로 젊은 처녀가 부재하는 연인에 대한 사랑을 토로하는 대목인 하르차가 로망어라는 점이 재조명되었다.
3. (옮긴이) '무왓샤하트'는 아랍어 혹은 히브리어로 기술된 정형시로 보통 다섯 개의 시연(경우에 따라서는 일곱 개의 시연)으로 이루어진다. 무왓샤하트는 'Muwashshah', 'mouachah', 'muwassah', 'moaxaja' 등으로 상이하게 표기되기도 한다.
4. (옮긴이) 'Zadjal' 혹은 'zajal'은 아랍 방언을 사용하는 시의 한 형태이자 '무왓샤하트'를 닮은 시형에 붙여진 명칭이다. 1160년에 세상을 떠난 코

르도바 출신의 안달루시아 시인 이븐 쿠즈만(Ibn Quzman)에 이르러 전성기를 맞이하였다고 하며, 크게 세 가지로 대별되는 형태가 존재한다.

5. Ô toi qui es brun, ô délices des yeux!
   Qui pourra supporter l'absence, mon ami?
6. Que dois-je faire, ô ma mère,
   Quand mon ami frappe à la porte?
7. Voici venue la Pâque,
   Et moi sans lui,
   t moi sans lui,
   Le cœur navré.

   (*Trente poèmes d'amour de la tradition mozarabe andalouse du XIe au XIIIe siècle*, traduction de Michel Host, Paris: L'Escampette, 2010. 아울러 다음을 참조. Klaus Heger, *Die bisher veröffentlichten Hargas und ihre Deutungen*, Tübingen: Max Niemeyer Verlag, 1960. Margit Frenk, *Las Jarchas mozarabes y los comienzos de la lirica románica*, México: El Colegio de México, 1985)
8. (옮긴이) 작자 미상의 노래로, 주인공은 말부르 초대 공작이었던 존 처칠(John Churchill, le premier duc de Marlborough)로 알려져 있다. 1781년부터 알려지기 시작한 이 노래를, 보마르셰(Beaumarchais)는 〈피가로의 결혼〉(Le Mariage de Figaro)에 삽입시키기도 했다. 가사는 다음과 같이 시작된다: "Malbrough s'en va-t-en guerre,/Mironton, mironton, mirontaine;/Malbrough s'en va-t-en guerre,/Ne sait quand reviendra...//Il reviendra z'à Pâques,/Mironton, mironton, mirontaine;/Il reviendra z'à Pâques,/Ou à la Trinité..."

5. 여성들의 노래

1. "De bon matin s'est levée la bien faite Aélis": 인용된 여러 롱도의 시작 대목은 경미한 차이를 보인다(Jean Renart, *Le Roman de la Rose ou de Guillaume de Dole*, Félix Lecoy éd., Paris: Champion, 1962, vv. 310, 318, 532, 1579). "Par ici

passe le brun, le beau Robin"이라는 후렴구를 갖는 대목은 542-546행에 나온다.

2. Les mamelettes me poignent: Mes petits seins me font mal:
Je ferai novel ami. Je vais prendre un nouvel ami.
파스투렐 "Heu main matin jueir alai"의 후렴구. *Chansons des trouvères*, Samuel N. Rosenberg et Hans Tischler éd., Le Livre de Poche, coll. Lettres gothiques, pp. 178-181.

3. Soufrés, maris, et si ne vos anuit:
    Prenez votre mal en patience, mon mari:
Demain m'arés et mes amis anuit.
    vous m'aurez demain et mon ami cette nuit.
Je vous deffens k'un seul mot n'en parlés,
    Pas un mot: je vous défends d'en parler,
Soufrés, maris, et si ne vous mouvés.
    Prenez votre mal en patience, mon mari, et sans bouger.
La nuit est courte, et par mains me rarés,
    La nuit est courte: vous, vous m'aurez au matin,
Qant mes amis ara fait sen déduit.
    quand mon ami aura pris son plaisir.
Soufrés, maris, et si ne vous anuit:
    Prenez votre mal en patience, mon mari:
Demain m'arés et mes amis anuit.
    vous m'aurez demain et mon ami cette nuit.
(« Soufrès, maris, et si ne vos anuit », in Eglal Doss-Quinby éd., *Songs of the Women Trouvères*, New Haven and London: Yale University Press, 2001, p. 184)

4. En un vergier, sos fuelha d'albespi
    En un verger, sous la feuille d'aubépine
Tenc la dompna son amic costa si,

la dame tenait son ami tout contre elle

Tro la gayta crida que l'alba vi.

jusqu'à ce que le guetteur crie qu'il a vu l'aube.

« Oy Dieus, oy Dieus de l'alba! tan tost ve!

« Mon Dieu! mon Dieu! l'aube! comme elle vient tôt!

Plagues a Dieu ja la nueitz non falhis

Plût à Dieu que la nuit ne prît jamais fin

Ni'l mieus amicx lonc de mi no's partis

et que mon ami ne s'éloignât pas de moi

Ni la gayta jorn ni alba no vis!

et que le guetteur ne vît ni jour ni aube!

Oy Dieus, oy Dieus de l'alba! tan tost ve!

Mon Dieu! mon Dieu! l'aube! comme elle vient tôt!

Bels dous amicx, baizen nos yeu e vos

Beau doux ami, embrassons-nous, vous et moi

Aval els pratz, on chanto'ls auzellos,

au fond du pré où les oisillons chantent;

Tot o fassam en despieg del gilos.

faisons la chose en dépit du jaloux.

Oy Dieus, oy Dieus de l'alba! tant tost ve!

Mon Dieu! mon Dieu! l'aube! comme elle vient tôt!

Bels dous amicx, fassam un joc novel

Beau doux ami, faisons encore un assaut

Yns el jardi, on chanton li auzel,

dans le jardin où chantent les oiseaux,

Tro la gaita toque son caramelh.

jusqu'à ce que le guetteur joue de son chalumeau.

Oy Dieus, oy Dieus de l'alba! tant tost ve! »

Mon Dieu! mon Dieu! l'aube! comme elle vient tôt! »

(« En un verger, sos fuelha d'albespi », in Christophe Chaguinian, *Les Albas occitanes*, Paris: Champion, 2008, pp. 206-210)

5.

S'il est biaus et je sui gente,	Il est beau, je suis charmante,
Sire, por quoi le feïs?	Seigneur, pourquoi as-tu fait cela?
Quant l'uns a l'autre alatente,	Puisque nous nous désirons l'un l'autre,
Por coi nos en departis?	pourquoi nous as-tu séparés?
[...]	[...]
Sa chemise qu'ot vestue	La chemise qu'il avait revêtue,
M'envoia por enbracier:	il me l'a envoyée pour que je la serre dans mes bras:
La nuit, quant s'amor m'argüe,	la nuit, quand l'amour pour lui me taraude,
La met avec moi couchier	je la mets à coucher avec moi,
Molt estroit a ma char nue,	tout contre ma chair nue,
Por mes maus assoagier.	pour adoucir mes maux.

(« Chanterai por mon corage », in *Chansons des trouvères, op. cit.*, pp. 506-509)

6. (옮긴이) 13세기 전반기에 활동한 부르고뉴 지방 출신의 음유시인. 대략 스물세 편의 노래가 그의 작품으로 추정되었으나, 오늘날 여섯 편 정도만이 그의 작품으로 알려져 있다. 인용된 작품은 중세 어느 작품의 여주인공인 귀부인 파옐(Dame du Fayel)의 작품으로 잘못 알려지기도 했다.
7. (옮긴이) 1220년경에 초기작들이 쓰여진 이래 1300년 전까지 오백 편이 넘는 작품들이 만들어졌다고 한다.
8. (옮긴이) 1261년 태어나 1279년 왕위에 올랐고, 1325년 사망한 포르투갈 국왕. '농부 왕'(Rei Lavrador) 혹은 '시인 왕'(Rei Poeta)으로 불렸다고 전해진다.

9. (옮긴이) 중세 시대 이베리아 반도 서부에서 사용된 로망어의 일종.

6. "롤랑이 올리팡을 입에 대고"

1. (옮긴이) 시절 150에서 올리비에의 죽음이 이야기되며, 시절 154, 166에 이르면 고티에와 대주교의 죽음이 기술된다. 기존 우리말 번역은 현대 프랑스어 번역에 의거한 2종이 있다(송면 역, 《오딧세이-롤랑의 노래》, 한국출판사, 1982; 이형식 옮김, 《롤랑전》, 궁리, 2005).
2. Rollant ad mis l'olifan a sa buche,
 Roland a mis l'olifant à sa bouche,
 Empeint le bien, par grant vertut le sunet.
 Il le serre bien, par grande vigueur en sonne.
 Halt sunt li pui e la voiz est mult lunge:
 Hautes sont les montagnes, et le son porte loin:
 Granz trente liwes l'oïrent il respundre.
 On entendit l'écho à plus de trente lieues.
 (*La Chanson de Roland*, Ian Short éd., Le Livre de Poche, coll. Lettres gothiques, 1990, vv. 1753-1756)
3. Li quens Rollant, par peine e par ahans,
 Le comte Roland avec peine et souffrance,
 Par grant dulor, sunet sun olifan.
 à grande douleur sonne son olifant.
 Parmi la buche en salt fors li cler sancs:
 Par la bouche jaillit à flots, très clair, son sang:
 De sun cervel le temple en est rumpant.
 de son cerveau la tempe va se rompant.
 (*Ibid.*, vv. 1761-1764)
4. Li quens Rollant a la buche sanglente:
 Le comte Roland a la bouche sanglante:

De sun cervel rumput en est li temples.

de son cerveau, rompue en est la tempe.

L'olifant sunet a dulor e a peine.

L'olifant sonne à douleur et à peine.

(*Ibid.*, vv. 1785-1787)

5. Li empereres a fait suner ses corns.

L'empereur a fait sonner ses cors.

Franceis descendent, si adubent lor cors.

Les Français descendent de cheval pour s'armer.

[...]

Halt sunt li pui e tenebrus e grant,

Hautes sont les montagnes et ténébreuses et grandes,

Li val parfunt e les ewes curant.

les vallées profondes, rapides les torrents.

Sunent cil graisle e derere e devant,

Les trompes sonnent, à l'arrière, à l'avant,

E tuit rachatent encuntre l'olifant.

et tous répondent au son de l'olifant.

(*Ibid.*, vv. 1793-1797, 1830-1833)

7. "그리할 이는 가늘롱, 나의 의부"

1. "C'ert Guenes, mis parastre."(*La Chanson de Roland*, Ian Short éd., Le Livre de Poche, coll. Lettres gothiques, 1990, v. 277)
2. "Guenes respunt: 'Rollant, cist miens fillastre:"(*Ibid.*, v. 743)
3. "Guenes respunt: 'Veir dites, jo l' sai bien.'"(*Ibid.*, v. 760)
4. "Rollant est proz e Olivier est sage;"(*Ibid.*, v. 1093)
5. Li quens Rollant se jut desuz un pin,

Le comte Roland s'est couché sous un pin;

Envers Espaigne en ad turnét sun vis.

vers l'Espagne a tourné son visage.

De plusurs choses a remembrer li prist:

De maintes choses il lui prit souvenance:

De dulce France, des humes de sun lign,

de douce France, des hommes de son lignage,

De Carlemagne, sun seignor, ki l'nurrit;

de Charlemagne, son seigneur, qui l'éleva;

Ne poet muer n'en plurt e ne suspirt.

il ne peut s'empêcher de pleurer et de soupirer.

Mais lui meïsme ne volt mettre en ubli,

Il ne veut pas, pourtant, s'oublier lui-même,

Cleimet sa culpe, si prïet Deu mercit.

il bat sa coulpe, demande pardon à Dieu.

[...]

Sun destre guant a Deu en puroffrit;

Il présenta à Dieu son gant droit,

Seint Gabrïel de sa main li ad pris.

et de sa main saint Gabriel l'a reçu.

Desur sun braz teneit le chef enclin,

Il a laissé pencher sa tête sur son bras,

Juntes ses mains est alét a sa fin.

et, les mains jointes, est allé à sa fin.

Deus li tramist sun angle Cherubin

Dieu a envoyé son ange Chérubin

E seint Michel de la Mer del Peril,

et saint Michel du Péril de la Mer,

Ensembl'od els seint Gabrëil i vint;

et avec eux y vint saint Gabriel;

L'anme des cunte portent en pareïs.

ils portent l'âme du comte en paradis.

(*Ibid.*, vv. 2375-2383 et 2389-2396)

8. 여러 세기의 침묵

1. (옮긴이) 에긴하르트(Éginhard) 혹은 아인하르트(Einhard)로 지칭되는 이 인물은 770년에 태어나 840년에 세상을 떠난 것으로 전해진다. 카롤링거 왕조 시기의 지식인이자 정치가였으며, 샤르마뉴에 대한 최초의 전기인《샤를마뉴의 생애》(*Vita Karoli Magni*)를 남겼다.
2. *La Chanson de Roland*, Ian Short éd., Le Livre de Poche, coll. Lettres gothiques, 1990, v. 4001.

9. 바느질 노래

1. Ne place Deu ne ses seinz ne ses angles

À Dieu ne plaise, à ses saints, à ses anges

Aprés Rollant que jo vive remaigne!

Qu' après Roland je reste vivante.

(*La Chanson de Roland*, Ian Short éd., Le Livre de Poche, coll. Lettres gothiques, 1990, vv. 3718-3719)

2. Quant vient en mai que l'en dit as lons jors,

Quand vient le mois de mai, que l'on dit aux longs jours

Que Franc de France repairent de roi cort,

Et que les Francs de France reviennent de la cour du roi,

Reynauz repaire devant, el premier front.

Renaud revient devant, au premier rang.

Si s'en passa lez lo meis Arembor,

Il passa devant la maison d'Erembourg,

Ainz n'en dengna le chief drecier amont.

Mais n'en daigna pas lever les yeux pour autant.

E, Raynaut amis!

Hélas! Renaud, mon ami!

Bele Erembors a la fenestre au jor

Belle Erembourg à la fenêtre, au jour,

Sor ses genolz tient paile de color.

Sur ses genoux tient une soie colorée.

Voit Frans de France qui repairent de cort

Elle voit les Francs de France qui reviennent de la cour

Et voit Raynaut devant, el premier front:

Et voit Renaud devant, au premier rang:

En haut parole si a dit sa raison.

À voix haute elle a dit ce qu'elle avait sur le coeur.

E, Raynaut amis!

Hélas! Renaud, mon ami!

« Amis Raynaut, j'ai ja veü cel jor,

« Mon ami Renaud, j'ai connu le temps où,

Se passissoiz selon mon père tor,

Si vous passiez sous la tour de mon père,

Dolanz fussiez se ne parlasse a vos.

Vous auriez été triste que je ne vous parle pas.

– Jal mesfaïstes, fille d'empereor:

–Vous vous êtes mal conduite, fille d'empereur:

Autrui amastes, si obliastes nos. »

Vous en avez aimé un autre, vous nous avez oublié. »

E, Raynaut amis!

Hélas! Renaud, mon ami!

« Sire Raynaut, je m'en escondirai:

« Seigneur Renaud, je m'en disculperai:

[...]

C'onques nul home fors vostre cors n'amai.

Je n'ai jamais aimé d'autre homme que vous.

Prennez l'emmende et je vos baiserai. »

Acceptez cette justification et je vous baiserai. »

E, Raynaut amis!

Hélas! Renaud, mon ami!

Li cuens Raynaut en monta lo degré,

Le comte Renaud monta l'escalier,

Gros par espaules, greles par lo baudre,

Large d'épaules, les hanches étroites,

Blond ot lo poil, menu recercelé:

Il avait les cheveux blonds, finement bouclés:

En nule terre n'ot si biau bacheler.

Il n'y avait si beau jeune homme dans le monde entier.

Voit l'Erembors, si comence a plorer.

Erembourg le voit, elle se met à pleurer.

E, Raynaut amis!

Hélas! Renaud, mon ami!

Li cuens Raynaut est montez en la tor,

Le comte Renaud est monté dans la tour,

Si s'est assis en .I. lit point a flors.

Il s'est assis dans un lit à la couverture brodée de fleurs.

Dejoste lui se siet bele Erembors:

Auprès de lui s'est assise la belle Erembourg:

Lors recommence lor premières amors.

Alors ils recommencent leurs premières amours.

E, Raynaut amis!

Hélas! Renaud, mon ami!

(Samuel N. Rosenberg et Hans Tischler, *Chansons des trouvères*, Le Livre de Poche, coll. Lettres gothiques, 1995, pp. 92-95. 아울러 Michel Zink, *Les Chansons de toile*, Paris: Honoré Champion, 1978, pp. 93-95.)

10. 두 자매

1. (옮긴이) Paris, Bibliothèque nationale de France, français, 20050, f. 146r.
2. Lou samedi a soir fat la semainne.

Le samedi soir finit la semaine.

Gaiete et Oriour, serors germaine,

Gaiete et Oriour, soeurs germaines,

Main et main vont bagnier a la fontaine.

Main dans la main vont se baigner à la fontaine.

Vante l'ore et li raim crollent,

Que souffle le vent, que ploie la ramée,

Ki s'antraimment soweif dorment.

Ceux qui s'aiment dorment doucement.

L'anfes Gerairs revient de la cuitainne.

Le jeune Gérard revient de la quintaine,

S'ait chosit Gaiete sor la fontainne,

Il a remarqué Gaiete près de la fontaine,

Antre ces bras l'ait pris, soueif l'a strainte.

Dans ses bras il l'a prise, doucement l'a étreinte.

Vante l'ore et li raim crollent,

Que souffle le vent, que ploie la ramée,

Ki s'antraimment soweif dorment.

Ceux qui s'aiment dorment doucement.

« Quant auras, Oriour, de l'ague prise,

« Quand tu auras, Oriour, puisé de l'eau,

Reva toi en arriere, bien seis la ville.

Retourne sur tes pas, tu connais le chemin de la ville.

Je remainrai Gerairt, ke bien me priset. »

Je resterai avec Gérard, car il m'aime bien. »

Vante l'ore et li raim crollent,

Que souffle le vent, que ploie la ramée,

Ki s'antraimment soweif dorment.

Ceux qui s'aiment dorment doucement.

Or s'an vat Oriour, teinte et marrie.

Alors Oriour s'en va, pâle et triste.

Des euls s'an vat plorant, de cuer sospire,

Des yeux elle va pleurant, du coeur elle soupire,

Cant Gaiete sa suer n'anmoinet mie.

Parce que sa soeur Gaiete, elle ne l'emmène pas.

Vante l'ore et li raim crollent,

Que souffle le vent, que ploie la ramée,

Ki s'antraimment soweif dorment.

Ceux qui s'aiment dorment doucement.

« Laise, fait Oriour, com mar fui nee!
« Hélas! fait Oriour, que mon sort est triste!
J'ai laxiet ma serour an la vallee:
J'ai laissé ma soeur dans la vallée:
L'anfes Gerairs l'anmoine an sa contree. »
Le jeune Gérard l'emmène en sa contrée. »
Vante l'ore et li raim crollent,
Que souffle le vent, que ploie la ramée,
Ki s'antraimment soweif dorment.
Ceux qui s'aiment dorment doucement.

L'anfes Gerairs et Gaie s'an sont torneit.
Le jeune Gérard et Gaie s'en sont allés,
Lor droit chemin ont pris vers la citeit.
Ils ont pris le chemin tout droit vers la cité.
Tantost com il i vint, l'ait espouseit.
À peine arrivés, il l'a épousée.
Vante l'ore et li raim crollent,
Que souffle le vent, que ploie la ramée,
Ki s'antraimment soweif dorment.
Ceux qui s'aiment dorment doucement.

(Samuel N. Rosenberg et Hans Tischler, *Chansons des trouvères*, Le Livre de Poche, coll. Lettres gothiques, 1995, pp. 94-97. 아울러 Michel Zink, *Les Chansons de toile*, Paris: Honoré Champion, 1978, pp. 100-101)

3. (옮긴이) 기욤 아폴리네르, 《알코올》, 황현산 옮김, 열린책들, 2010, p. 52. "Mais Apollinaire connaissait-il ce charmant vieux poème? Comment

ne l'eût-il pas connu: *Gaiete et Oriour* figure en tête de la partie réservée à la poésie lyrique dans la petite *Chrestomathie du moyen âge* de Gaston Paris et Ernest Langlois, classique bien avant 1900./[...] C'est que, quand « le samedi al soir faut (s'achève) la semaine », l'enfant Gérard épouse Gaiete: bénie serait cette fin de semaine où Marie—, nous savons bien qui elle est et combien Apollinaire a désiré l'épouser—, cette Marie sans doute détachée un moment de Guillaume, deviendrait en effet la femme du poète"(Mario Roques, *Études de littérature française*, Lille-Genève: Librairie Giard-Droz, 1949, p. 145). 한편 마리오 로크는 아폴리네르의 다른 한 편의 시 〈마리〉도 중세시와 관련이 있을 것으로 보았다: "팔 밑에 낡은 책을 끼고/나는 센 강변을 걸었네/강물은 내 고통과 같아/흘러도 흘러도 마르지 않네/그래 언제 한 주일이 끝나려나"(기욤 아폴리네르, *op. cit.*, p. 100).

4. (옮긴이) "*Gaiete* est vouée par son nom au bonheur, celui de la poésie des troubadours à qui notre langue venait d'emprunter le mot provençal *gai*; *Oriour* n'est qu'à l'orée ou à l'orient de la vie, et son nom rime doucement avec le mot voisin *serours*, comme si elle seule était la soeur, celle qui ne vit que par l'autre"(Jean Batany, *Français médiéval*, Paris: Bordas, 1972, p. 117). Cf. François Zufferey, "Sur l'origine du nom Oriour", *Romania*, 126, n° 1-2(2008), pp. 235-239. Cf. "Oriour commence comme l'or, comme le vent (ore, aure), comme le temps (ore, ores, eure) et s'achève dans une répétition modulée où la liquide R prolonge le fluide vocalisme"(Alice Planche, "Gaiete, Oriour et le copiste distrait", *Cahiers de civilisation médiévale*, 77(Janvier-mars 1977), p. 51).

5. (옮긴이) 단순히 이 바느질 노래의 작성 연대를 묻는 '이 노래가 만들어진 시기를 어떻게 추정할 수 있을까?'라는 질문으로 보는 대신, '이 노래는 중세의 노래인 동시에 오늘날에도 여전히 깊은 울림을 주는 노래'이며, 그런 의미에서 '지금'의 노래이기도 하다는 점을 강조하는 것으로 해석하였다.

11. 기욤 9세, 최초의 트루바두르

1. "Lo coms de Peitieus si fo uns dels majors cortes del mon e dels majors trichador[trichadors] de dompnas, e bons cavalliers d'armas e larcs de dompnejar; e saup ben trobar e cantar. Et anet lonc temps per lo mon per enganar las domnas."

   "Le comte de Poitiers était un des hommes les plus courtois du monde et l'un des plus grands trompeurs de dames; aux armes, bon chevalier; peu avare des ses manœuvres de séduction; et il savait bien composer des poèmes et les chanter. Et il alla longtemps de par le monde pour tromper les dames."

   (*Vida* de Guillaume IX d'Aquitaine, in *Biographies des troubadours. Textes provençaux des XIIIe et XIVe siècles*, Jean Boutière et Alexander-Herman Schutz éd., Paris: Nizet, 1964, pp. 1-2)

2. (옮긴이) 기욤 9세에 관한 당대의 언급은 크게 지역 연대기에서의 언급들과 이후 개별 연대기 작가들의 그것으로 구분될 수 있다. 지역 연대기의 경우, 기욤 9세에 대해 교회의 보호자이자 너그러운 시혜자로서의 긍정적인 측면을 부각시키며, 용맹하고 경험많은, 그러나 불운했던 성지에서의 전투 수장으로서의 기욤 9세의 면모도 이야기된다. 후자의 경우, 기욤 9세의 삶이나 정치 등에 주안점을 두는 대신 해당 인물의 면면에 관심을 가지는 경향을 보였다(Jean-Charles Payen, *Le prince d'Aquitaine. Essai sur Guillaume IX, son oeuvre et son érotique*, Paris: Honoré Champion, 1980, pp. 142-151을 참조).

3. (옮긴이) 일례로 기욤 9세는 아네스 부인과 아르센 부인 두 사람을 자신이 가진 두 마리 말에 비유하면서, '두 마리 모두 가질 수 없는' 자신의 곤란한 처지를 토로하는 외설적인 시를 짓기도 했다.

4. | | |
   |---|---|
   | La nostr'amors vai enaissi | Il en va de notre amour |
   | Com la branca de l'albespi | comme de la branche de l'aubépine |
   | Q'estai sobre l'arbre tremblan, | qui tremble sur l'arbre |

La noig, a la ploi'e al gel,	la nuit, à la pluie et au gel,
Tro l'endeman, qe·l sols s'espan	jusqu'au lendemain où le soleil inonde
Per la fueilla vert el ramell.	la feuille verte sur le rameau.

(Guillaume IX, *Vers*, Mario Eusebi éd., Parme: Pratiche, 1995, p. 76)

5.

Anqar mi membra d'un mati	Il me souvient encore d'un matin
Qe nos fezem de guerra fi	où nous avons mis fin à la guerre
E qe·m donet un don tan gran,	et où elle m'a fait un don si grand,
Sa drudari'e son anel:	son amour et son anneau:
Anqar mi lais Dieus viure tan	que Dieu me laisse vivre jusqu'au moment
Qu'aia mas manz sotz son mantel!	où j'aurai mes mains sous son manteau!

(Guillaume IX, « Ab la douzor del temps novel », vv. 19-24, *ibid.*, p. 75)

12. 자연과 사랑

1. (옮긴이) 원근법에 가장 먼저 관심을 기울인 인물은 건축가 브루넬레스키(Brunelleschi, 1377~1446)였으며, 원근법을 구체적으로 회화에 처음 도입한 사람은 피렌체의 화가 마사초(Masaccio, 1401~1428)였다. 미술에서 원근법을 완성시킨 사람으로는 피렌체 출신의 화가 우첼로(Paolo Uccello, 1397~1475)를 꼽는다.
2. (옮긴이) 단테의 해당 원문은 다음과 같다: "Quant au reste de l'Europe en dehors de ces domaines, une troisième langue le tint en entier, bien qu'à présent elle emble elle-même triparlière: car certains pour affirmer disent oc, d'autres oïl, d'autres sì; comme font par exemple les Espagnols, les Français et les Italiens. Et le signe que les vulgaires de ces trois nations proviennent d'un seul et même idiome se voit d'emblée à ce qu'ils nomment maintes choses des mêmes vocables: ainsi *Dieu, ciel, amour, mer, terre, être, vivre, mourir, aimer*, et presque tout à l'avenant. Parmi ces peuples, ceux qui parlent en langue d'*oc* tiennent la région occidentale du midi de l'Europe, à partir des frontières génoises. Ceux qui parlent en langue de *sì*

tiennent à partir desdites frontières la région orientale, à savoir jusqu'à ce promontoire d'Italie où commence le golfe de la mer Adriatique, et jusqu'à la Sicile. Quant à ceux qui parlent en langue d'oïl, ils sont en quelque manière au septentrion, eu égard à ceux-là" (Dante, *Œuvres complètes*, traduction et commentaires par André Pézard, Paris: Gallimard, 1965, Livre I, VIII, pp. 563-564).

3.

Pos vezem de novel florir	Puisque nous voyons à nouveau fleurir
Pratz, e vergiers reverdezir,	les prés, les vergers reverdir,
Rius e fontanas esclarzir,	ruisseaux et sources s'éclaircir,
Auras e vens,	brises et vents,
Ben deu cascus lo joi jauzir	il est juste que chacun jouisse
Don es jauzens.	de la joie dont il est jouissant.

(Guillaume IX, « Pos vezem de novel florir », in *Vers*, Mario Eusebi éd., Parme: Pratiche, 1995, p. 62. 아울러 Michel Zink, *Les Troubadours. Une histoire poétique*, Paris: Perrin, 2013, p. 61)

4.

Quan lo rius de la fontana	Quand le ru de la source
S'esclarzis, si cum far sol,	coule plus clair, comme il le fait toujours au printemps,
E par la flors aiglentina,	et que paraît la fleur d'églantine,
E'l rossinholetz el ram	et que le rossignol sur la branche
Volf e refranh ez aplana	répète, module, aplanit
Son dous chantar e afina,	sa douce chanson et la rend parfaite,
Dreits es qu'ieu lo mieu refranha.	il est bien juste que je module la mienne.
Amors de terra lonhdana,	Amour de terre lointaine,
Per vos totz lo cors mi dol.	pour vous tout le coeur me fait mal.

(Jaufré Rudel, « Quan lo rius de la fontana », in *Il Canzoniere di Jaufre Rudel*, Giorgio Chiarini éd., L'Aquila: Japadre, 1985 [réimpression: Jaufre Rudel, *L'amore di lontano*, Giorgio Chiarini éd., Rome: Corocci, 2003], p. 77)

5. Lancan son passat li giure — Quand est passé le givre,
E no˙i reman puoi ni comba — qu'il a fui puys et combes,
Et el verdier la flors trembla — qu'au verger la fleur tremble
Sus en l'entrecim on poma.... — tout là-haut à la cime, où mûrira le fruit.

(Arnaut Daniel, « Lancan son passat li giure », in *Il sirventese e le canzoni*, Mario Eusebi éd., Milan: All'insegna del pesce d'oro, 1984, p. 51; 2e éd. *L'aur'amara*, Parme: Pratiche, 1995. 아울러 Michel Zink, *op. cit.*, p. 69)

6. Deiosta˙ls breus iorns e˙ls loncs sers.
À l'approche des jours brefs, des longs soirs,
Quan la blanc'aura brunezis,
quand l'air limpide s'assombrit,
Vuelh que branc e bruelh mos sabers
je veux que pousse en branche, en surgeon mon savoir
D'un nou joy que˙m fruich'e˙m floris,
d'une joie nouvelle qui pour moi se fait fleur et fruit,

(Peire d'Alvernhe, *Poesie*, Aniello Fratta éd., Manziana: Vecchiarelli, 1996, p. 93)

7. L'amour hélant, l'amoureuse viendra,
Gloria de l'été, ô fruits.

(René Char, *Lettera amorosa*, in *Œuvres complètes*, Paris: Gallimard, coll. Bibliothèque de la Pléiade, 2001, p. 342)

13. 사랑처럼 복잡한 어떤 시

1. (옮긴이) 1160-1200년 사이에 작품 활동을 한 것으로 추정되며, 단테에 의해 '올바른 시인'이라는 평을 받기도 했다.

2. Tant ai mo cor ple de joya, — J'ai le coeur si plein de joie
Tot me desnatura. — qu'il dénature toute chose pour moi.
Flor blancha, vermelh'e groya — Fleur blanche, vermeille et jaune,
Me par la frejura, — voilà ce que me paraît la froidure,

C'ab lo ven et ab la ploya	car le vent et la pluie
Me creis l'aventura,	accroissent mon bonheur,
Per que mos chans mont'e poya	grâce à quoi mon chant s'élève et culmine,
E mos pretz melhura.	et mon mérite s'améliore.
Tan ai al cor d'amor,	J'ai au coeur tant d'amour,
De joi e de doussor,	de joie et de douceur
Per que'l gels me sembla flor	que le gel me semble fleur
E la neus verdura.	et la neige verdure.

(Bernard de Ventadour, « Tant ai mo cor ple de joya », in *Bernard de Ventadour, troubadour du XIIe siècle, Chanson d'amour*, Moshé Lazar éd., Paris: Klincksieck, 1966, pp. 180-183)

3.

Er resplan la flors enversa	Voici que resplendit la fleur inverse
Pels trencans rancx e pels tertres.	sur les rocs tranchants, sur les tertres.
Quals flors? Neus, gels e conglapis,	Quelle fleur? Neige, gel, givre,
Que cotz e destrenh e trenca,	qui frappe, tourmente, tranche,
Don vey morz quils, critz, brays, siscles	dont je vois morts pépiements, cris, bruits, sifflements
Pels fuels, pels rams e pels giscles.	en feuilles, branches, jeunes pousses.

(Raimbaut d'Orange, « Er resplan la flors enversa », in Walter T. Pattison, *The Life and Work of the Troubadour Raimbaut d'Orange*, Minneapolis: The University of Minnesota Press, 1952, p. 199)

14. 종글뢰르

1. (옮긴이) '바바 쿨'은 경우에 따라 'baba-cool', 'baba cool', 'babacool' 등으로 표기되기도 한다. '아빠'를 의미하는 힌디어 'baba'와 영어의 'cool'이 합쳐진 형태로 일반적으로는 '히피'(hippie)를 의미한다. 비폭력적인 삶의 영위를 추구하며, 공격적이고 경쟁적인 가치들을 거부하는 사람을

지칭하는 데에 사용된다.

2. (옮긴이) 마르셀 카르네(Marcel Carné) 감독의 1942년 상영작. 1485년 5월 어느 밤, 악마의 전령인 질(Gilles)과 도미니크(Dominique)가 딸의 약혼식 잔치가 한창이던 위그(Hugues)의 성에 찾아온다. 두 사람이 종글뢰르로 가장하여 약혼식에 참석하는 장면이 나온다.
3. (옮긴이) "종글뢰르는 다면적인 존재이다. 그는 악사이자 시인, 배우, 곡예사다. 그는 향락을 담당하는 일종의 집사로 왕과 제후들의 궁정에 소속되어 있다. 그는 길거리를 떠돌아다니며 마을에서 공연을 하는 방랑자다. 그는 휴식지에서 순례자들에게 무훈시를 불러주는 교현금 연주자다. 그는 갈림길에서 군중을 즐겁게 하는 약장수다. 그는 축제일이면 교회의 출구 쪽에서 공연되는 극의 저자이자 배우이다. 그는 젊은이들이 원무를 추게 하는 춤의 대가이다. 그는 향연과 결혼식, 야회에서 흥을 돋우는 이야기꾼이자 노래꾼이다. 그는 말들 위에서 곡예를 부리는 곡마사다. 손으로 바닥을 짚고 춤을 추며, 칼로 재주를 부리고, 후프를 뛰어서 통과하고, 불을 집어 삼키고, 몸을 뒤로 젖히고 사지를 자유자재로 비트는 곡예사다. 퍼레이드를 하거나 마임을 뽐내는 어릿광대다. 시시한 짓거리를 하거나 바보 같은 말을 내뱉는 익살꾼이다. 종글뢰르는 이 모든 것이면서, 또 다른 것들이다"(Edmond Faral, *Les Jongleurs en France au moyen âge*, H. Champion, 1910, p. 1을 참조).
4. (옮긴이) 토머스 촙햄(Thomas Chobham 또는 Thomas of Chobham). 1160년 태어나 1233-1236년경에 사망한 신학자. 영국 잉글랜드 남동부 지방인 서리(Surrey)의 초범 출신으로 1220년경에는 파리에 체류했다. 여기서 언급되고 있는《고해신부 총람》(*Summa Confessorum*)이 가장 대표적인 저서다.
5. "술을 마시는 공공장소나 방정(方正)치 못한 회합들을 자주 드나들면서, 음탕한 노래들을 부르고, 사람들을 음란함으로 내모는 자들은, 다른 자들과 같이 단죄(斷罪)받아 마땅하다. 그러나 종글뢰르라 불리면서, 왕후(王侯)들의 행적이나 성인들의 생애를 노래하는 이들 역시 있다." 원문

은 다음과 같다. "Quidam enim frequentant publicas potationes et lascivas congretiones ut cantent ibi lascivas cantilenas, ut moveant homines ad lasciviam, et tales sunt damnabiles sicut et alii. Sunt autem alii qui dicuntur ioculatores qui cantant gesta principium et vitas sanctorum"(Christopher Page, *The Owl and the Nightingale. Music life and ideas in France, 1100-1300*, Berkeley and Los Angeles: University of California Press, 1989, p. 23에서 재인용).

6. (옮긴이) 행상인들이 팔고 다니던 그림으로 프랑스의 에피날에 살던 장사를 펠르랭(Jean-Charles Pellerin, 1756~1836)이 처음으로 이러한 종류의 이미지를 인쇄해서 판매한 데에서 해당 이름을 얻었다. "에피날의 이미지"라는 표현은 시간이 흐름에 따라 과장되거나 전통적이면서 고지식한 관점, 대상의 좋은 측면만을 보여주는 이미지라는 의미를 얻게 되었다. 클리셰(cliché)와 유사한 의미로 쓰인다.
7. (옮긴이) 나르본(Narbonne)에서 1230년경 태어나 1295년경에 사망한 시인. 남프랑스 문학의 쇠퇴기에 활동하였다. 혹자는 그를 일러 '최후의 트루바두르'라고 부르기도 하며. 1270년 무렵부터 1279년 정도까지 카스티야의 현명왕 알폰소 10세의 궁정에서 활동한 것으로 추정된다.
8. (옮긴이) 알폰소 10세(1221~1284)는 부르고뉴 왕가에 속하는 카스티야 왕국(중세 때 이베리아 반도 중앙부에 있던 왕국)을 다스렸던 왕이다. 문화와 학술 다방면에 걸쳐 많은 업적을 남겼으며, 지식의 대중화와 이베리아 속어 문학의 부흥에 공헌했다고 평가받는다.
9. *Les Épîtres de Guiraut Riquier, troubadour du XIIIe siècle*, Joseph Linskill éd., Liège: Association internationale des études occitanes, 1985, vv. 800-863, pp. 187-188 et 219.
10. (옮긴이) '메네스트렐'이라는 용어는 처음에는 하인들(gens de maison)을 지칭했고, 이후에는 궁정의 다양한 피고용자들을 의미했다. 12세기 말에는 궁정에서 살면서 한 명의 주인을 섬기는 종글뢰르들을 지칭하는 말로 사용되었으며, 13세기에는 길거리를 나다니는 자들이든 제후의 궁에 머무는 자들이든 상관없이 종글뢰르 일반을 지칭하는 말로 통용되었

다(Edmond Faral, *op. cit.*, pp. 103-108을 참조).

11. Michel Zink, « Le jongleur de Notre Dame », in *Le Jongleur de Notre-Dame. Contes chrétiens du Moyen Âge*, Paris: Éditions du Seuil, 1999, pp. 48-51을 참조.

15. 읽기와 듣기

1. | | |
|---|---|
| Apuyé voit deseur son coute | Il voit, appuyé sur son coude, |
| Un prodomme qui se gesoit | un seigneur allongé |
| Seur.i. drap de soie, et lisoit | sur un drap de soie; et devant lui |
| Une puchele devant li | une jeune fille lisait à haute voix |
| En un rommans, ne sai de cui. | un roman, je ne sais au sujet de qui. |
| Et pour le rommans escouter | Et, pour écouter le roman, |
| S'i estoit venue acouter | une dame était venue là s'accouder: |
| Une dame, et estoit sa mere, | c'était sa mère, |
| E li prodons estoit son pere. | et le seigneur était son père. |

(Chrétien de Troyes, *Le Chevalier au lion*, David F. Hult éd., Le Livre de Poche, coll. Lettres gothiques, 1994, vv. 5358-5366)

2. (옮긴이) 1365년 처음 쓰여졌고, 1380년경 다시 쓰여진 3만 행이 넘는 분량의 아서 왕 관련 이야기이다. 스코틀랜드를 무대로 이야기가 전개되며, 프루아사르가 만들어낸 인물들뿐만 아니라 아서 왕 이야기의 중심 인물이던 왕비 그니에브르, 호수의 기사 랑슬로, 이뱅, 페르스발, 트리스탕 등이 등장한다.
3. (옮긴이) "내가 그분을 기쁘게 하기 위해/일곱 장가랑을 읽곤 했을 때/영주께서는 내게 허락하셨도다./악기와도 같은 목소리로, 이는 거짓이 아니니,/순금 그릇에 담겨 나온/그분의 포도주 남은 것을/마시도록." 이에 대해서는 자클린 세르킬리니툴레, 《멜랑콜리의 색깔들—중세의 책과 사랑》, 김준현 옮김, 문학동네, 2012, pp. 76-78을 참조. 아울러 《연대기》의 원문의 경우, Jean Froissart, *Chroniques, Livres III et IV*, éd. Peter

Ainsworth et Alberto Varvaro, Le Livre de Poche, 2004, pp. 173-174를 참조.

4. (옮긴이) 성사(聖史)는 성경에서 이야기되는 모든 사건들을 총칭하는 말로, 특히 이스라엘 민족의 이야기를 지칭한다.

5. (옮긴이) "책을 읽을 때 그의 눈은 책장을 젖히고 마음은 뜻을 새겨 나가는데 그 혀와 목소리만은 쉬고 있었습니다./이따금 우리가 가서 보면 (…) 이런 식으로 말없이 독서했지 다르게는 하지 않았습니다. 우리도 한참을 말없이 앉았다가(그렇게도 열중해 있는 이를 누가 감히 번거롭게 하오리까) 조용히 자리를 물러나곤 했습니다"(아우구스티누스, 《고백록》, 최민순 옮김, 바오로딸, 1965; 2015, pp. 210-211).

6. Bele Doette as fenestres se siet,

    Belle Doette à la fenêtre est assise,

   Lit en un livre, mais au cuer ne l'en tient:

    elle lit en un livre, mais son coeur est ailleurs:

   De son ami Doon li resovient,

    il lui souvient de son ami Doon,

   Q'en autre terre est alez tornoier.

    parti au tournoi en terre étrangère.

   E or en ai dol!

    Et maintenant j'en ai deuil!

   (« Bele Doette as fenestres se siet », in Samuel N. Rosenberg et Hans Tischler éd., *Chansons des trouvères*, Le livre de Poche, coll. Lettres gothiques, 1995, pp. 102-105. 아울러 Michel Zink, *Les Chansons de toile*, Paris: Honoré Champion, 1978, pp. 89-92를 참조)

16. 먼 곳의 사랑

1. (옮긴이) 중세어 원문은 다음과 같다: "Ai! quar me fos lai pelegrís,/Si que mos fustz e mos tapís/Fos pels sieus bèlhs uèlhs remiratz!"(« Lanquan li jorn

son lonc en mai », in *Anthologie des troubadours*, Pierre Bec éd., Paris: Union Générale d'Éditions, 1979, vv. 12-14, p. 82)

2. (옮긴이) 중세어 원문은 다음과 같다: "Que lai el renh dels Sarrazís/Fos ieu per lièis chaitius clamatz;" (*Ibid.*, vv. 34-35, p. 83)
3. (옮긴이) 화려하고 다채로운 문체가 아니라 단순하고 소박한 가사였음을 의미한다. 이에 대해서는 Michel Zink, *Les troubadours. Une histoire poétique*, Paris: Perrin, 2013, pp. 162-163을 참조.
4. "Jaufré Rudel de Blaye était de haute noblesse, prince de Blaye. Et il s'enamoura de la comtesse de Tripoli sans la voir, pour le bien qu'il en entendait dire aux pèlerins qui revenaient d'Antioche. Et il fit sur elle maints poèmes avec de belles mélodies et de pauvres paroles. Et par désir de la voir, il prit la croix et s'embarqua sur la mer. Il tomba malade sur le navire et, à Tripoli, fut transporté pour mort dans une auberge. On le fit savoir à la comtesse et elle vint à lui, jusqu'à son lit, et elle le prit entre ses bras. Et il comprit que c'était la comtesse, il recouvra l'ouïe et l'odorat, il loua Dieu de l'avoir maintenu en vie jusqu'à ce qu'il l'eût vue, et ainsi il mourut entre ses bras. Et elle le fit ensevelir à grand honneur dans le couvent des Templiers, et puis le jour même elle se fit nonne pour la douleur qu'elle eut de sa mort (*e pois, en aquel dia, ella se rendet morga, per la dolor qu'ella n'ac de la mort de lui*)" (« Vida » de Jaufré Rudel, in Jean Boutière et Alexander Herman Schutz, *Biographies des troubadours. Textes provençaux des XIIIe et XIVe siècles*, Paris: Nizet, 1964, pp. 16-19).
5. (옮긴이) 먼 곳의 사랑을 노래한 조프레 뤼델의 노래에서, 그가 사랑하는 여인은 전통적으로 트리폴리 백작 부인으로 이야기되곤 했다. 그러나 이에 대한 해석은 열려 있으며, 어떤 연구자들은 이 귀부인을 성모 마리아로 또 그의 사랑을 신성한 신비 체험의 상징으로 여기는 입장을 보이기도 했다.
6. Dieus, que fetz tot quant ve ni vai

Que Dieu, qui fit tout ce qui va et vient
E formet sest'amor de lonh,
et qui créa cet amour de loin,
Mi don poder, que cor ieu n'ai,
me donne le pouvoir, car j'en ai le désir,
Qu'ieu veia sest'amor de lonh,
de voir cet amour de loin,
Veraiamen, en tals aizis,
pour de vrai, de façon si plaisante
Si que la cambra e·l jardis
que la chambre et le jardin
Mi resembles totz temps palatz!
soient pour moi toujours un palais!

Ver ditz que m'apella lechai
Il dit vrai, celui qui m'appelle avide
Ni deziron d'amor de lonh,
et désireux d'amour de loin,
Car nulhs autres jois tan no·m plai
car nulle autre joie ne me plaît tant
Cum jauzimens d'amor de lonh.
que la jouissance de l'amour de loin.
Mas so qu'ieu vuelh m'est atahis
Mais ce que je veux m'est refusé,
Qu'enaissi·m fadet mos pairis
car mon parrain m'a jeté ce sort,
Qu'ieu ames e non fos amatz.
d'aimer et de n'être pas aimé.

(Jaufré Rudel, « Lancan li jorn son lonc en mai », in Giorgio Chiarini, *Il canzoniere di Jaufre Rudel*, L'Aquila: Japadre, 1985 [réimprimé: Jaufre Rudel, *L'amore di lontano*, Giorgio Chiarini éd., Rome: Corocci, 2003], p. 85)

17. 즐거움과 고통

1. D'aquest amor sui cossiros

   À cause de cet amour je suis dans l'angoisse

   Vellan e pueis sompnhan dormen:

   quand je veille et puis quand je dors, en songe:

   Quar lai ai joi meravelhos,

   j'éprouve alors une joie surnaturelle,

   Per qu'ieu la jau jauzitz jauzen.

   car je jouis avec elle, donnant et recevant du plaisir.

   (Jaufré Rudel, « Quan lo rossinhols el folhos », in *Il canzoniere di Jaufre Rudel*, Giorgio Chiarini éd., L'Aquila: Japadre, 1985 [réimprimé: Jaufre Rudel, *L'amore di lontano*, Giorgio Chiarini éd., Rome: Corocci, 2003], p. 115)

2. (옮긴이) 이 절망의 노래는 남프랑스 서정시 가운데 가장 아름답고 가장 비극적인 노래의 하나이며, 이미 당대에도 큰 인기를 누렸다. 사랑하는 여인이 자신의 사랑을 알아주지 않는 데서 생긴 시인의 슬픔은 종달새의 행복한 모습이 상징하는 타인의 기쁨으로 인해 배가되며, 결국 작품의 끝에 가면 시인은 사랑을 단념하고 떠나게 된다.

3.

Can vei la lauzeta mover	Quand je vois l'alouette agiter
De joi sas alas contra'l rai,	de joie ses ailes face au rayon de soleil,
Que s'oblid'e's laissa chazer	puis s'oublier elle-même et se laisser tomber
Per la doussor c'al cor li vai,	à cause de la douceur qui entre dans son coeur,
Ai! tan grans enveya m'en ve	Hélas, quelle envie me vient

De cui qu'eu veya jauzion! de quiconque je vois jouissant!
Meravilhas ai, car desse Je m'étonne qu'à l'instant
Lo cor de dezirer no˙m fon. mon coeur ne fonde de désir.

(Bernard de Ventadour, « Can vei la lauzeta mover », in *Bernard de Ventadour, troubadour du XIIe siècle, Chanson d'amour*, éd. Moshé Lazar, Paris: Klincksieck, 1966, pp. 180-183)

4. (옮긴이) 우리가 '순수한 것이든 아니든 간에'로 옮긴 이 표현은 17세기 작가 몰리에르(Molière)의 희곡 〈수전노〉(Avare)에 유래를 두고 있다. "En tout bien tout honneur"라는 말은 '아무런 의도 없이' '성적인 관계 없이' 등의 의미로 사용되곤 한다.
5. *Razo* de Guilhem de Balaün, in Jean Boutière et Alexander Herman Schutz, *Biographies des troubadours, Textes provençaux des XIIIe et XIVe siècles*, Paris: Nizet, 1964, pp. 321-332.

18. 아서 왕

1. (옮긴이) "Herman de Tournai dans ses *Miracula Sanctae Mariae Laudunensis* nous a laissé des détails précieux sur un voyage entrepris précisément en Cornouailles en 1113 par un groupe de chanoines de Laon afin de quêter des fonds pour leur église détruite par un incendie. Au cours de ce voyage qui les mène d'Exeter en Devon jusqu'à Bodmin en Cornouailles, ils rencontrent le Siège d'Arthur célébré par les contes des bretons insulaires. A Bodmin s'élève une querelle: les serviteurs français qui accompagnent les chanoines de Laon refusent d'ajouter foi aux récits d'un habitant du pays qui affirme la survie du Roi Arthur. Une rixe menace d'éclater entre Bretons et Français à ce sujet"(Jean Marx, *La légende arthurienne et le Graal*, Slatkine, 1996, p. 54). 원문은 다음과 같다: "Sed sicut Britones solent jurgari cum Francis pro rege Arturo, idem vir coepit rixari cum uno ex famulis nostris, nomine Haganello, [...] dicens adhuc Arturum vivere. Unde non parvo tumultu exorto cum armis ecclesiam irruunt plurimi,"(J. S. P. Tatlock,

"The English Journey of the Laon Canons", *Speculum*, 8, n° 4(1933), p. 455에서 재인용).

2. *Nennius et l'« Historia Brittonum »*, Ferdinand Lot éd., Paris: Champion, 1934; *Historia Brittonum*, trad. Christiane M. J. Kerboul-Vilhon, Sautron: Éditions du Pontig, 1999.
3. William of Malmesbury, *Gesta Regum Anglorum*, R. A. B. Mynors, R. M. Thomson & M. Winterbottom eds, Oxford et New York: Clarendon Press, 1998-1999, I, II; i-8.
4. (옮긴이) 이 대목의 원문은 다음과 같다: "Sed eo extincto Britonum robur emarcuit, spes imminutae retro fluxere; et iam tunc profecto pessumissent, nisi Ambrosius, solus Romanorum superstes, qui post Wrtigernum monarcha regni fuit, intumescentes barbaros eximia bellicosi Arturis opera pressisset. Hic est Artur de quo Britonum nugae hodieque delirant, dignus plane quem non fallaces somniarent fabulae sed ueraces predicarent historiae, quippe qui labantem patriam diu sustinuerit infractasque ciuium mentes ad bellum acuerit, postremo in obsessione Badonici montis, fretus imagine Dominicae matris quam armis suis insuerat, nongentos hostium solus adorsus incredibili cede profligarit"(*Ibid.*, p. 26).
5. | | |
   |---|---|
   | ... la Roünde Table | ... la Table ronde |
   | Dont Breton dient mainte fable. | sur laquelle les Bretons inventent tant d'histoires. |

   (Wace, *Le Roman de Brut*, Ivor Arnold éd., t. 2, Paris: Société des anciens textes français, 1838-1840, vv. 9751-9752, p. 513)
6. (옮긴이) 1160년경 즈음에 쓰여진 것으로 추정되는 서사시《루 이야기》(*Le roman de Rou*)에서, 저자는 롤로(Rollon)와 그의 후예들의 이야기를 독자들에게 들려준다. 정복왕 기욤의 영국 정벌을 이야기하던 과정에서 웨이스는 1066년의 사건보다 한 세기 뒤에 바랑통 샘을 찾아갔던 자신의 개인적인 일화를 덧붙인다. 일면 우연한 삽입으로 볼 여지도 있으나

이 여담이 노르만족과 브리튼족 사이의 갈등 관계 맥락에서 의미를 갖는 것이라는 의견도 있다.

7. En cele grant pais ke jo di,

   Au milieu de la grande paix que je vous dis,

   Ne sai si vos l'avez oï,

   je ne sais si vous en avez entendu parler,

   Furent les merveilles pruvees

   se sont produites les merveilles

   E les aventures truvees

   et se sont rencontrées les aventures

   Ki d'Artur sunt tant recuntees

   qu'on raconte tellement au sujet d'Arthur

   Ke a fable sunt aturnees:

   que tout est devenu fiction:

   Ne tut mençunge, ne tut veir,

   ni tout à fait faux ni tout à fait vrai,

   Tut folie ne tut saveir.

   ni sottise complète ni complète raison.

   Tant unt li cunteür cunté

   Les conteurs ont tant conté,

   E li fableür tant fablé

   les inventeurs de fables tant inventé de fables

   Pur lur cuntes enbeleter,

   pour embellir leurs contes,

   Que tut unt fait fable sembler.

   qu'ils ont tout fait ressembler à de la fable.

   (*Ibid.*, vv. 9787-9798, p. 515)

19. 홀로, 길 떠난 어느 기사가 그리하듯

1. Or est Amours tournee a fable,

De nos jours, Amour devient une fiction,

Par chou que chil qui riens n'en sentent

parce que ceux qui ne l'éprouvent pas

Dïent qu'il ayment, mes il mentent;

disent qu'ils aiment, mais ils mentent;

Et chil fable et menchongne en font

et ceux qui en font une fiction et un mensonge

Qui s'en vantent et droit n'i ont.

se vantent d'aimer sans en avoir le droit.

(Chrétien de Troyes, *Le Chevalier au Lion*, David F. Hult éd., Le Livre de Poche, coll. Lettres gothiques, 1994, vv. 24-28)

2. (옮긴이) 크레티앵 드 트루아가 쓴 다섯 편의 작품, 즉《에레크와 에니드》(*Érec et Énide*),《클리제스》(*Cligès*),《랑슬로 혹은 수레에 오른 기사》(*Lancelot ou Le Chevalier de la Charrette*),《이뱅 혹은 사자를 거느린 기사》(*Yvain ou le Chevalier au lion*),《페르스발 혹은 그랄 이야기》(*Perceval ou Conte du Graal*)는 작품 제목과 동일한 이름의 젊은 기사들을 주인공으로 등장시킨다.

3. Li boins roys Artus de Bretaigne,

Le noble roi Arthur de Bretagne,

La qui proeche nous ensengne

dont la prouesse nous enseigne

Que nous soions preus et cortois...

à être preux et courtois…

(*Ibid.*, vv. 1-3)

4. Il avint, pres a de .vi. ans,

Il advint, voilà bientôt six ans,

Que je, seus comme païsans,

que, seul comme un paysan,

Aloie querant aventures,

j'allais en quête d'aventures,

Armés de toutes armeüres

revêtu de toutes mes armes

Si come chevaliers doit estre;

comme un chevalier doit l'être;

Et trouvai un chemin a destre

et je trouvai un chemin sur ma droite

Par mi une forest espesse.

au milieu d'une forêt épaisse.

(*Ibid.*, vv. 175-181)

20. 마법의 샘

1. Chrétien de Troyes, *Le Chevalier au Lion*, David F. Hult éd., Le Livre de Poche, coll. Lettres gothiques, 1994, vv. 286-545.
2. (옮긴이) 원문은 다음과 같다: "Et avec els Calogrenans,/Unz chevaliers mout avenans,/Qui lor ot commenchié .i. conte,/Non de s'onnor, mais de sa honte"(*Ibid.*, vv. 57-60).
3. (옮긴이) 칼로그르낭은 엄밀히 말해서 아서 왕 세계에서 잘 알려지지 않은 인물에 해당한다. 혹자는 칼로그르낭의 이름을 나누어보면 'Cai-lo-grenant', 즉 'Keu-lo-grenant'이 되는 만큼, 독설가로 유명한 집사 쾨(Keu)의 분신격인 인물이라 보기도 했다.
4. (옮긴이) 뤼네트가 나타나 이뱅을 도와주는 이유를 밝히고 그에게 반지를 주는 대목은 968-1031행에 걸쳐 이야기된다.
5. (옮긴이) 해당 대목은 1420-1428행에 걸쳐 이야기된다.
6. (옮긴이) 해당 대목은 1692-1707행에 걸쳐 이야기된다. 해당 대목에서 뤼네트가 이뱅이 죽은 로딘의 남편보다 더 용맹한 기사임을 강조하는

것은, 위기 상황에서 샘물의 수호자가 필요했기 때문이다.

21. 부부 사이의 사랑이 허구의 이야기의 소재가 될 법한 것일까?

1. (옮긴이) 고뱅의 다양한 면모에 대해서는 Jean Larmat, "Le personnage de Gauvain dans quelques romans arthuriens du XIIe et du XIIIe siècles", in *Études de langue et littérature françaises offerts à André Lanly*, Nancy: Publications de l'Université de Nancy, II, 1980, pp. 185-202; Douglas Kelly, "Gauvain and fin'amors in the poems of Chrétien de Troyes", *Studies in philology*, 67, n° 4(1970), pp. 453-460; Keith Busby, *Gauvain in old french literature*, Amsterdam: Rodopi, 1980; Philippe Walter, *Gauvain le chevalier solaire*, Editions Imago, 2013 등을 참조.
2. (옮긴이) 에레크와 에니드의 혼례 초야는 2077-2104행에 걸쳐 이야기된다.
3. Or sont nu a nu en un lit.

   À présent ils sont tous deux nus dans un même lit

   Et li uns l'autre acole et baise;

   et chacun enlace l'autre et lui donne des baisers;

   N'est rien nule qui tant lor plaise.

   Il n'est rien au monde qui leur donne tant de plaisir.

   Tant ont eü mal et ennui,

   Ils ont connu tant de souffrances et de tourments,

   Il por li, et ele por lui!

   lui pour elle et elle pour lui!

   Or ont faite lor penitance.

   À présent ils ont achevé leur pénitence.

   Li uns encontre l'autre tance

   Il rivalisent l'un avec l'autre

   Coment li puisse mieuz plaisir:

à qui donnera à l'autre le plus de plaisir:

Dou soreplus me doi taisir.

ce qui vient ensuite, je dois le passer sous silence.

(Chrétien de Troyes, *Erec et Enide*, Jean-Marie Fritz éd., Le Livre de Poche, coll. Lettres gothiques, 1992, vv. 5240-5248)

22. 그랄

1. (옮긴이) 〈몬티 파이톤과 성배〉(Monty Python And The Holy Grail)는 영국의 6인조 코미디언 그룹 몬티 파이톤이 1974년 제작한 영화로 아서 왕 전설을 풍자하고 희화화했다.
2. (옮긴이) 이 말을 한 당시 부서장의 이름은 파스칼 에노(Pascal Hénault)였다.
3. (옮긴이) 크레티앵 드 트루아는 자신이 책을 헌정하는 대상인 필리프 달자스가 알렉산드로스 왕을 능가하는 인물이며 그가 갖춘 많은 미덕들을 사람들이 도처에서 칭송한다는 점을 이야기한다.
4. (옮긴이) 이 대목은 59-65행에서 이야기된다.
5. Un graal entre ses .II. meins

   Une demoiselle tenait

   Une damoiselle tenoit.

   un graal entre ses deux mains.

   [...]

   Quant ele fu leianz antré

   Quand elle fut entrée dans la pièce

   Atot lo graal qu'ele tint,

   avec le graal qu'elle tenait,

   Une si grant clartez i vint

   il se fit une si grande clarté

   Qu'ausin perdirent les chandoilles

que les chandelles en perdirent

Lor clarté comme les estoilles

la leur, comme les étoiles

Quant li solaus luist o la lune.

quand le soleil luit ou la lune.

[...]

Par devant le lit s'en passerent,

Ils passèrent par-devant le lit,

En une chanbre aillors entrerent.

ils entrèrent dans une autre pièce.

Et li vallez les vit passer,

Le jeune homme les vit passer

Si n'osa mie demander

et il n'osa pas demander

Do graal cui l'an an servoit!

qui l'on servait de ce graal.

(Chrétien de Troyes, *Le Conte du Graal*, Charles Méla trad., Le livre de Poche, coll. Lettres gothiques, 1990, vv. 3158-3159, 3162-3167 et 3179-3183)

6. (옮긴이) 우리가 '후속편'으로 옮긴 말은 엄밀한 의미에서의 '속편'이 아니라 이후에 '새로 만들어진 이야기'에 가깝다.
7. (옮긴이) 볼프람 폰 에셴바흐, 《파르치팔》, 허창운 옮김, 한길사, 2005를 참조.
8. (옮긴이) '외경'은 신구약 성경으로 인정되지 않는 동시대의 종교적 문헌을 의미한다. 니코데모 외경은 신약 외경으로 4세기경 그리스어로 작성되었으며, 예수에 대한 재판, 예수의 죽음, 그리고 부활 및 승천 등을 이야기하고 있다.

23. 페르스발과 사랑

1. (옮긴이) '씨 뿌리는 사람의 비유'는 다음과 같다: "예수님께서 그들에게 많은 것을 비유로 말씀해 주셨다. '자, 씨 뿌리는 사람이 씨를 뿌리러 나갔다. 그가 씨를 뿌리는데 어떤 것들은 길에 떨어져 새들이 와서 먹어 버렸다. 어떤 것들은 흙이 많지 않은 돌밭에 떨어졌다. 흙이 깊지 않아 싹은 곧 돋아났지만, 해가 솟아오르자 타고 말았다. 뿌리가 없어서 말라 버린 것이다. 또 어떤 것들은 가시덤불 속에 떨어졌는데, 가시덤불이 자라면서 숨을 막아 버렸다. 그러나 어떤 것들은 좋은 땅에 떨어져 열매를 맺었는데, 어떤 것은 백 배, 어떤 것은 예순 배, 어떤 것은 서른 배가 되었다. 귀 있는 사람은 들어라'"(〈마태오 복음〉 13장, 3-9). 동일한 내용이 〈루카 복음〉 8장, 4-8, 〈마르코 복음〉 4장, 1-9에 나온다.
2. (옮긴이) "하느님께서 우리에게 베푸시는 사랑을 우리는 알게 되었고 또 믿게 되었습니다. 하느님은 사랑이십니다. 사랑 안에 머무르는 사람은 하느님 안에 머무르고 하느님께서도 그 사람 안에 머무르십니다"(〈요한의 첫째 서간〉 4장, 16).
3. (옮긴이) 기존 우리말 번역본의 경우, 크레티앵 드 트루아, 《그라알 이야기》, 최애리 옮김, 을유문화사, 2009를 참조.
4. « Estes vos Dex? – Nenil, par foi.

    « Êtes-vous-Dieu? – Certainement pas!

    – Qui estes vos? – Chevaliers sui.

    – Qui êtes vous? – Un chevalier.

    –Ainz mes chevaliers ne conui,

    –Je n'ai jamais connu de chevalier,

    Fait li vallez, ne nul n'en vi

    dit le jeune homme, je n'en ai jamais vu

    N'onques mes parler n'en oï.

    et je n'en ai jamais entendu parler.

    Mais vos estes plus beax que Dex.

Mais vous êtes plus beau que Dieu.

Car fusse je orre autretex,

Ah! si je pouvais être pareil,

Ensin luisanz et ensin faiz! »

aussi resplendissant! »

(Chrétien de Troyes, *Le Conte du Graal*, Charles Méla trad., Le livre de Poche, coll. Lettres gothiques, 1990, vv. 168-175)

5. Wolfram von Eschenbach, *Parzival*, Danielle Buschinger et Jean-Marc Pastré trad., Paris: Champion, 2010, p. 710.
6. "L'attention est la forme la plus rare et la plus pure de la générosité... C'est en somme le sujet de l'histoire du Graal. Seul un être prédestiné a la capacité de demander à un autre: quel est ton tourment? Et il ne l'a pas en entrant dans la vie. Il lui faut passer par des années de nuit obscure"(Simone Weil et Joë Bousquet, *Correspondance entre Simone Weil et Joë Bousquet* (avril-mai 1942), Lausanne: L'Âge d'Homme, 1982, pp. 18-19).

24. 트리스탕과 이죄, 서로를 사랑하기 위해 그들은 미약을 필요로 했을까?

1. (옮긴이) 토마의 프랑스어 이야기를 노르드어로 옮긴 버전에서는 신하들이 마르크 왕에게 아일랜드 왕의 딸 이죄가 세상에서 가장 아름답고 현명한 여인이라는 점을 들어 그녀를 왕비로 천거하며, 아일랜드에 가 본 적이 있고 왕비와 공주를 아는 트리스탕이 이죄를 데리고 올 적임자라고 설명된다. 반대로 베디에가 재구성한 이야기에서는 창문으로 들어온 두 마리의 제비가 태양처럼 빛나는 긴 금빛 머리카락을 마르크 왕에게 떨구는 일이 일어났으며, 왕이 이 머리카락의 소유자와 결혼할 것임을 말하는 것으로 내용이 전개된다.
2. (옮긴이) 트리스탕과 이죄의 전설 가운데 중심 부분만을 전하는 베룰(Béroul)의 이야기(ca 1170-1175?)를 '원형판' 혹은 '공통판'이라 칭하

며, 따로 떨어진 단편들과 끝부분이 전해지는 토마(Thomas)의 이야기(ca 1172-1175)를 '궁정판'이라 부르곤 한다. 이에 대해서는 Jean Frappier, "Structure et sens du Tristan: version commune, version courtoise", *Cahiers de civilisation médiévale*, 23(1963), pp. 255-280을 참조.

3. (옮긴이) 트리스탕 역시 동일한 언급을 이죄에 앞서 한다. "그녀가 저를 사랑한다면, 그것은 바로 미약 때문입니다. 저는 그녀로부터 떨어질 수 없고, 그녀도 제게서 떨어질 수 없습니다." 해당 대목의 원문은 다음과 같다: "Tristran li dit: « Sire, par foi,/Que ele m'aime en bone foi,/Vos n'entendez pas la raison:/Q'el m'aime, c'est par la poison./Ge ne me pus de lié partir,/N'ele de moi, n'en quier mentir. »"(vv.1381-1386).

4. | | |
|---|---|
| Il ne m'aime pas, ne je lui, | Il ne m'aime pas et je ne l'aime pas, |
| For par un herbé dont je bui | sinon à cause d'une décoction dont je bus |
| Et il en but: ce fu pechiez. | et il en but aussi: ce fut un malheur. |

(*Tristan et Iseut. Les poèmes français, la saga norroise*, Daniel Lacroix et Philippe Walter éd. trad., Le Livre de Poche, coll. Lettres gothiques, 2004, vv. 1413-1415, pp. 86-87)

5. (옮긴이) 해당 대목은 2157-2171행에 걸쳐 이야기된다.

6. Et poise moi de la roïne,

   Et je suis triste pour la reine,

   Qui je doins loge por cortine.

   à qui j'offre une cabane de feuilles au lieu de tentures.

   En bois est, et si peüst estre

   Elle est dans la forêt, alors qu'elle pourrait être,

   En beles chanbres, o son estre,

   avec sa suite, dans de beaux appartements

   Portendues de dras de soie.

   tapissés de soie.

   Por moi a prise male voie.

   À cause de moi, elle a pris un mauvais chemin.

(*Ibid.*, vv. 2179-2184, pp. 122-123)

7. Onques du buvrage ne bui	Jamais je n'ai bu du breuvage
Dont Tristan fu empoisonnez;	dont Tristan fut empoisonné;
Mes plus me fet amer que lui	mais mon coeur fidèle et ma volonté sincère
Fins cuers et bone volentez.	font que j'aime plus qu'il ne le faisait.

(« D'Amors, qui m'a tolu a moi », in Chrétien de Troyes, *Romans suivis des Chansons, avec, en appendice, Philomena*, Michel Zink, Jean-Marie Fritz, Charles Méla, Olivier Collet, David F. Hult et Marie-Claire Zai éd., Le Livre de Poche, coll. La Pochothèque, 1994, p. 1220)

8. (옮긴이) 우리말 번역의 경우, 드니 드 루즈몽, 《사랑과 서구 문명》, 정장진 옮김, 한국문화사, 2013을 참조.

25. 무엇 때문에 흰 손의 이죄와 결혼하는가?

1. (옮긴이) 이 책의 17장 '즐거움과 고통'을 참조.
2. Jo perc pur vos joie e deduit,
Je perds pour vous la joie et le plaisir
E vos l'avez e jur e nuit;
que vous, vous éprouvez jour et nuit;
Jo main ma vie en grant dolur,
je passe ma vie en grande douleur,
E vos vostre en delit d'amur;
et vous passez la vôtre dans les plaisirs de l'amour;
Jo ne faz fors vos desirer,
je ne fais rien d'autre que vous désirer,
E vos nel puez consirer
et vous, vous ne pouvez vous empêcher
Que deduit e joie n'aiez
d'avoir du plaisir et de la joie,

E que tuiz voz buenz ne facez.

    et de satisfaire votre désir.

Pur vostre cors su jo em paine,

    Pour vous, je suis en peine,

Li reis sa joie en vos maine,

    le roi trouve sa joie en vous,

Sun deduit maine e sun buen,

    il trouve en vous son plaisir et sa jouissance,

Ço que mien fu ore est suen.

    ce qui était à moi est aujourd'hui à lui.

(Thomas, « Le Roman de Tristan », dans *Tristan et Iseut. Les poèmes français, la saga norroise*, Daniel Lacroix et Philippe Walter éd., Le Livre de Poche, coll. Lettres gothiques, 1989, vv. 10-21, pp. 338-339)

3. Jo voil espuser la meschine — Je veux épouser la jeune fille

   Pur saveir l'estre a la reïne. — pour savoir ce qu'éprouve la reine.

   (*Ibid.*, vv. 174-175, pp. 348-349)

4. Tumas fine ci sun escrit;

    Thomas termine ici son écrit;

A tuz amanz saluz i dit:

    il y salue tous les amants:

As pensis e a amerus,

    ceux qui sont malheureux, ceux qui rêvent de l'amour,

As envius, as desirus,

    ceux qui sont rongés d'envie, ceux qui sont rongés de désir,

As enveisiez, as purvers,

    ceux qui connaissent le plaisir, ceux qui se livrent aux excès de la chair,

A tuz ces ki orunt ces vers.

tous ceux qui liront ces vers.

(*Ibid.*, vv. 38-43, pp. 482-483)

26. "사랑하는 연인이여, 우리도 이와 같으니: 나 없이 그대 없고, 그대 없이 나 없어라"

1. (옮긴이) 분노한 마르크 왕에 의해 그의 왕국에서 추방된 트리스탕은 자신이 태어난 웨일스 지방으로 돌아간다. 일 년 정도를 그곳에 머무르던 트리스탕은 이죄에 대한 사랑과 슬픔으로 인해 다시 콘월로 몰래 돌아온다. 숲에 몸을 숨기고 지내던 트리스탕은 농부들을 통해 성신강림대축일에 틴타겔에 왕비가 오게 된다는 사실을 알게 된다.
2. (옮긴이) 오래전 켈트족들은 개암나무 가지를 다양한 마법과 관련된 것으로 여겼다고 전해진다. 일례로 민담에서는 수원(水原)이나 지하의 보물을 찾는 막대기를 만드는 데 사용되었다고 이야기된다. 노르망디 지방의 민간 전승에 따르면, 마법의 글자들을 새겨 넣은 개암나무 가지는 어떤 행렬을 그 자리에 멈추게 하는 힘을 지녔고, 그 가지에 글자를 새긴 사람이 망치로 말굽을 두드리기 전에는 그곳을 떠날 수 없었다고 전해진다. 이런 점에서 본다면, 트리스탕이 이름을 적어 넣은 나무가지 역시 왕비의 행렬을 그가 있는 곳에서 멈추게 하는 데 사용된 것으로 볼 수 있다.
3. (옮긴이) 트리스탕과 이죄의 전설 가운데 물에 떠내려오는 나무껍질들을 보고 트리스탕이 자신에게 만나자는 신호를 보낸 것임을 이죄가 알아차렸다는 일화를 암시하는 것으로 볼 수 있다.
4. Une codre trencha par mi,

    Il coupe par le milieu une branche de noisetier

   Tute quarreie la fendi.

    et la taille pour l'équarrir.

   Quant il a paré le bastun,

    Quand il a paré le bâton,

De sun cutel escrit sun nun.

Avec son couteau il y écrit son nom.

Se la reïne s'aparceit,

Si la reine s'en aperçoit

Ki mut grant garde s'en perneit [...],

(elle prenait grande garde à ce genre de chose),

De sun ami bien conustra

elle reconnaîtra bien que c'est de son ami

Le bastun, quant el le verra.

que vient le bâton, quand elle le verra.

Ceo fu la summe de l'escrit

Ce que disait le message

Qu'il li aveit mandé e dit,

qu'il lui avait écrit,

Que lunges ot ilec esté

c'était qu'il était longtemps resté là,

E attendu e surjurné

dans l'attente,

Pur espïer e pur savir

à épier et à essayer de savoir

Coment il la peüst veeir,

comment il pourrait la voir,

Kar ne poeit vivre sanz li.

car il ne pouvait pas vivre sans elle.

D'euls deus fu il tut autresi

Ils étaient tous deux

Cume del chievrefoil esteit

comme le chèvrefeuille

Ki a la codre se perneit:

qui s'accroche au noisetier:

Quant il s'i est laciez e pris

une fois qu'il s'y est attaché

E tut entur le fust s'est mis,

et qu'il s'est enroulé autour de la branche,

Ensemble poënt bien durer,

ils peuvent très bien continuer à vivre ensemble,

Mes ki puis les voelt desevrer,

mais si on veut ensuite les séparer,

Li codres muert hastivement

le noisetier meurt très vite

E li chievrefoilz ensement:

et le chèvrefeuille aussi:

« Bele amie, si est de nus:

« Belle amie, ainsi en va-t-il de nous:

Ne vus sanz mei, ne jeo sanz vus. »

Ni vous sans moi, ni moi sans vous. »

(Marie de France, *Le Lai du Chèvrefeuille*, in *Tristan et Iseut. Les poèmes français, la saga norroise*, Daniel Lacroix et Philippe Walter éd., Le Livre de Poche, coll. Lettres gothiques, 1989, vv. 51-78, pp. 310-311)

27. 수레에 오른 기사

1. (옮긴이) '호수의 기사'라는 별칭으로 유명한 기사 랑슬로는 바로 이 작품에서 처음으로 아서 왕 세계에 모습을 드러내며, 이후에 만들어지는 수많은 산문 연작에서는 주인공의 지위에 오른다. 흔히 '산문 랑슬로' 혹은 '랑슬로-그랄 시군'(Le cycle de Lancelot-Graal)으로 불리는 후대의 연작들은 랑슬로와 연관되는 과거와 미래의 갖가지 사건들을 촘촘하게 재

구성하게 된다. 일례로 아리마태아의 요셉이 예수의 성혈(聖血)을 잔에 담고 그 잔이 동방에서 영국으로 옮겨지게 된 이야기를 통해 랑슬로의 조부 역시 성배의 수호자 가운데 한 사람이었음이 밝혀지며, 후일 성배의 비밀을 목도한 유일한 인물이자 랑슬로의 아들인 '순결한 기사' 갈라아드(Galaad)에 대한 이야기도 이 연작들을 통해 자세히 이야기된다.

2. (옮긴이) 기존 우리말 번역의 경우, 크레티앵 드 트루아,《죄수 마차를 탄 기사》, 유희수 옮김, 문학과지성사, 2016을 참조.

3. De ce servoit charrete lores

    À cette époque les charrettes avaient le même usage

Don li pilori servent ores,

    que les piloris aujourd'hui,

Et en chascune bone vile,

    et dans chaque bonne ville,

Ou or en a plus de trois mile,

    où il y en a maintenant plus de trois mille,

N'en avoit a cel tans que une,

    il n'y en avait en ce temps-là qu'une seule,

Et cele estoit a ces commune,

    qui servait indistinctement,

Aussi con li pilori sont,

    comme les piloris le font,

A ces qui murtre et larron sont.

    aux assassins et aux voleurs.

[...]

Qui a forfet estoit repris

    Celui qui était convaincu d'un crime

S'estoit sor la charrete mis

    était mis dans la charrette

Et menez par totes les rues;

et promené par toutes les rues:

S'avoit totes enors perdue.

il était entièrement déshonoré.

(Chrétien de Troyes, *Le Chevalier de la Charrette*, Charles Méla éd., Le Livre de Poche, coll. Lettres gothiques, 1992, vv. 321-328, 333-336)

4. (옮긴이) "그는 그녀 앞에 머리를 숙여 경배합니다. 어떤 성인의 유골에도 이처럼 숭경한 적이 없습니다. 왕비는 손을 뻗어 그를 맞습니다. 그를 얼싸안고 가슴 가까이로 꽉 껴안습니다. 침대 안으로 끌어당깁니다. 극진한 환대를 베풉니다. […]/사랑의 기쁨 속에서 나눈 입맞춤과 포옹의 유희가 너무나도 달콤했기에 그는 정말로 환희의 극치를 체험합니다. 이런 환희의 경험은 다른 사람들에게서 들어보기 힘듭니다. 그러나 저는 그에 대해 더 이상은 언급하지 않을 겁니다. 그런 건 말로 형용할 수 없기 때문입니다"(크레티앵 드 트루아, 《죄수 마차를 탄 기사》, 유희수 옮김, 문학과지성사, 2016, pp. 116-117).
5. (옮긴이) 멜리아강의 속임수에 빠져 감금된 처지에 있던 랑슬로는, 감금되어 있던 곳의 어느 여인에게 간청해 다시 감옥으로 돌아올 것을 서약한 다음 무구와 붉은 방패, 말을 빌리며, 자신의 신원을 감춘 채 왕비가 참석하는 마상시합에게 참가한다.
6. (옮긴이) 이 대목은 5636-5656행에 걸쳐 이야기된다.
7. (옮긴이) 작품의 마지막은 다음과 같은 말로 끝난다: "왕을 비롯한 모든 관중은 더없이 기뻐했습니다. 사람들은 기뻐 열광하며 랜슬롯의 무장을 풀어주었습니다. 그러고는 환희의 행렬이 그를 데려갔습니다./[…] 모험담은 여기서 끝납니다. 서생인 고드프루아 드 레니가 《죄수 마차를 탄 기사》 이야기의 마지막 부분을 썼습니다. 하지만 그가 크레티앵이 의도했던 길을 벗어났다고 비난할 생각은 하지 마십시오. 그는 이 작업을 주도한 크레티앵이 동의하는 범위 안에서만 일했을뿐입니다. 그는 랜슬롯이 탑에 감금되는 부분부터 이야기가 끝나는 데까지만 썼습니다. 이게

그가 한 몫입니다. 그는 이야기를 망칠까 봐 더하지도 빼지도 않았습니다./이제 죄수 마차를 탄 랜슬롯의 모험 이야기를 마칩니다"(크레티앵 드 트루아, 《죄수 마차를 탄 기사》, 유희수 옮김, 문학과지성사, 2016, p. 168).

8. Je suis ce chevalier qu'on dit de la charette
Qui si l'amour le mène ignore ce qu'il craint
Et devant tous s'assit parmi les malandrins
Comme choisit mourir Jésus de Nazareth

Ma dame veut savoir que rien ne m'humilie
Par elle demandé tout s'en métamorphose
Elle exige de moi de si terribles choses
Qu'il faut que mon coeur saigne et que mon genou plie

(Louis Aragon, *Les Yeux d'Elsa, Œuvres poétiques complètes*, t. I, Paris: Gallimard, coll. Bibliothèque de la Pléiade, 2007, p. 791)

9. (옮긴이) "L'auteur du sermon *Nuptie facte sunt in Chana Galilee* du manuscrit Arsenal 2058 compare en effet sainte Agnès passant au Christ par le martyre à Lancelot du Lac franchissant le Pont de l'Epée. Ainsi, non seulement l'allusion au roman breton n'est pas péjorative, mais encore la vierge martyre est comparée à l'amant courtois par excellence, au héros adultère, au *meilleur chevalier du monde* dans les deux sens de l'expression: le meilleur chevalier qui existe et le meilleur chevalier du *siècle,* vivant selon les lois du *siècle*"(Michel Zink, *La Prédication en langue romane avant 1300*, Paris: Champion, 1982, pp. 377-381을 참조).

10. (옮긴이) 제2차 세계대전 기간에 아라공이 쓴 이 선집의 주제는 점령기 동안의 저항 운동에 대한 것으로, 시집은 1944년 세게르스(Pierre Seghers) 출판사에서 출판되었다. 선집 제목인 '기상 나팔'은 병사들을 깨우기 위해 울리는 나팔 혹은 북소리를 이야기하는 보들레르(Charles Baudelaire)의 시 〈아침의 박명(薄明)〉(Crépuscule du matin)의 한 구절을 연상시키며, 응

당 프랑스가 깨어나야 할 시간을 환기시키는 것으로 풀이된다. 또한 제목인 'Diane'는 사냥의 여신 아르테미스를 지칭하는 로마 여신 '디아나'를 떠올리게도 한다. 밤을 주재하는 여신인 디아나가 약자를 보호한다는 맥락에서 보면 은밀히 활동하던 레지스탕스 운동의 표장으로 이해할 여지도 있다.

28. 랑슬로와 갈르오

1. *Lancelot du Lac*, 2t, François Mosès éd., Le Livre de Poche, coll. Lettres gothiques, 1991; *La Quête du Saint-Graal*, Fanni Bogdanow éd., Anne Berrie trad., Le Livre de Poche, coll. Lettres gothiques, 2006; *Lancelot du Lac III. La Fausse Guenièvre*, Marie-François Mosès éd., Le Livre de Poche, coll. Lettres gothiques, 1998; *Lancelot du Lac IV. Le Val des amants infidèles*, Yvan G. Lepage et Marie-Louis Ollier éd., 2002; *La Mort du roi Arthur*, David F. Hult éd., Le Livre de Poche, coll. Lettres gothiques, 2009. 혹은 *Le Livre du Graal*, 3 vol., Daniel Poirion et Philippe Walter dir., Paris: Gallimard, coll. Bibliothèque de la Pléiade, 2001, 2003, 2009.
2. (옮긴이) 책의 제명에서 '숭엄(崇嚴)'이라는 말을 사용한 것은 다음의 주석에 의거한 것임을 밝힌다: "Le qualificatif « haut », utilisé régulièrement pour désigner l'histoire, renvoie à l'idée de la noblesse et de la dignité. L'expression hauts livres est utilisée par J.-R. Valette comme désignation générique pour mettre en relief l'originalité de ces textes en prose (*Perlesvaus, Queste*) qui allient le romanesque et la théologie, et qui se déclinent selon deux schémas (*estoires/quêtes*)" (*Le Haut Livre du Graal [perlesvaus]*, texte établi, présenté et traduit par Armand Strubel, Paris: Le Livre de Poche, 2007, pp. 127-128).
3. (옮긴이) 고뱅에게는 많은 애인들이 있던 것으로 그려지며, 이는 그가 정중하고 예의 바른 기사였기 때문으로 풀이되곤 했다. 한편 13세기 들어서는 그의 면모에 근본적인 변화가 일어나며, 종래의 신화적인 속성이 상당 부분 지워진 평범한 기사, 영성과는 거리가 있는 '세속적인 기사'

의 전형처럼 이야기되곤 한다. 이에 대해서는 Philippe Walter, *Gauvain le chevalier solaire*, Paris: Imago, 2013, p. 22를 참조.

4. (옮긴이) 갈르오가 아서 왕에게 보낸 사자(使者)는 자신의 주군이 이미 서른 개의 왕국을 정복했음을 말하고 아서 왕에게 왕국을 바치고 갈르오의 신하가 될 것을 촉구한다. 아서 왕이 이를 거절하자 사자는 한 달 내에 아서 왕의 땅으로 갈르오가 진격해올 것이며, 그때가 되면 아서 왕에게서 왕비 그니에브르 역시 빼앗을 것임을 공언한다. 이에 대해서는 *Lancelot du Lac*, éd. François Mosès, Paris: Le Livre de Poche, 1991, p. 700을 참조.
5. (옮긴이) 절망적인 상태에 처한 아서 왕 앞에 이르렀을 때, 갈르오는 랑슬로와 약속했던 것처럼 돌연 말에서 내려 그 동안의 자신의 잘못을 이야기한 뒤, 왕의 자비를 청한다는 점을 밝힌다(*Ibid.*, p. 848).
6. Dante, *L'Enfer*, V, v. 137.
7. Dante, *La Divine Comédie, L'Enfer*, Jacqueline Risset trad., Paris: Flammarion, 1985, p. 67. Traduction de Jean-Charles Vegliante: « Galehaut fut le livre et qui l'a écrit: ce jour-là nous n'y lûmes pas plus avant »(Poésie/Gallimard, 2012).
8. Et la li dist elle la mort de Gallehout, car encore n'en savoit il rien. Si en eust fait assés grant deul, mais li lieus n'i estoit pas.

   C'est là qu'elle lui apprit la mort de Galehaut, car il n'en savait encore rien; ce dont il aurait dû ressentir une peine immense, mais les circonstances ne s'y prêtaient pas.

   (*Lancelot du Lac V. L'enlèvement de Guenièvre*, Yvan G. Lepage et Marie-Louise Ollier éd., Le Livre de Poche, coll. Lettres gothiques, 1999, pp. 206-207)
9. « Ichi gist Gallehous, li fieus a la Jaiande, ki pour l'amour Lanselot morut. » Et quant il voit chou, si chiet pasmés et jut grant piece a tierre sans mot dire.

   « Ci-gît Galehaut, le fils de la Géante, qui mourut de son amour pour

Lancelot. » Et quand il voit cela, il tombe évanoui et reste un long moment à terre sans rien dire.

(*Ibid.*, pp. 436-437)

10. (옮긴이) 랑슬로는 고통스러워하면서 주먹으로 자신의 얼굴을 치고, 사방에 피를 튀기며, 머리를 쥐어뜯으며, 가슴을 거세게 치고 고함을 지르는 등, 이 광경을 보는 이 누구라도 연민의 감정을 가질 그런 모습을 보인다.

29. 그랄은 끝이 아니다

1. (옮긴이) 자세한 내용은 6315-6354행을 참조.
2. *La Quête du Saint-Graal*, Fanni Bogdanow éd., Anne Berrie trad., Le Livre de Poche, coll. Lettres gothiques, 2006.
3. (옮긴이) 사라스는 아서 왕 전설에 등장하는 예루살렘 근처 팔레스타인의 어느 도시로, 바로 이곳에서 그랄의 전례(典禮)가 행해진다. 15세기, 토머스 말로리(Thomas Malory)는 《아서 왕의 죽음》(*Le Morte d'Arthur*)에서 이 이야기를 다시 들려준다.
4. (옮긴이) 에스코탕(Escotant) 왕이 후사를 남기지 않고 죽은 뒤, 그 도시 사람들은 '세 명의 동료 가운데 가장 젊은 사람을 왕으로 택하라'는 하늘에서 들려온 어떤 목소리를 따라, 갈라아드를 왕위에 올린다.
5. (옮긴이) 성스러운 그랄 안을 갈라아드가 들여다본 순간, 천상의 신비를 인간의 몸으로 주시하였기에 그의 몸은 심하게 떨리기 시작한다. 그는 자신이 인간의 혀로 표현할 수 없고 인간의 마음이 담아낼 수 없는 그런 신비, 모든 경이들 가운데 으뜸인 경이를 보았음을 감사드리면서, 이 크나큰 기쁨의 순간 지상에서의 삶을 버리고 천상의 삶으로 가고자 한다는 기원을 신에게 드린다.
6. Il i entrerent par envoiseüre, mes il i demorerent puis grant piece, e qant il revindrent fors, si menerent vie d'ermites, et vestirent heres, e alerent par les forez, si ne menjoient se racines non, e menoient molt dure vie, mes ele

leur plesoit molt; e qant on leur demandoit por coi il se deduisoient ainsi, « Alez, fesoient il a cex qui leur demandoient, la o nos fumes, si savrez le porcoi. » Ainsi respondoient as genz. Cil dui chevalier morurent en cele sainte vie, ne onques autres noveles n'en pot on savoir par ex.

Ils y pénétrèrent par plaisanterie, mais ils y restèrent ensuite longtemps, et quand ils en ressortirent, ils menèrent une vie d'ermites, portant la haire et allant par les forêts en ne se nourrissant que de racines. Ils menaient une vie très dure, mais elle leur plaisait beaucoup. Et quand on leur demandait pourquoi ils y prenaient plaisir: « Allez où nous avons été, et vous saurez pourquoi! » C'est ce qu'ils répondaient aux gens. Ces deux chevaliers moururent en menant cette sainte vie, et on ne put jamais rien apprendre d'autre de leur bouche.

(*Le Haut Livre du Graal [Perlesvaus]*, Armand Strubel éd., Le Livre de Poche, coll. Lettres gothiques, 2007, pp. 1050-1053)

30. 나병에 걸린 시인

1. (옮긴이) 전해지는 전설적인 기원은 더 오래되었으나, 확인되는 바로는 대략 1120년경에 만들어진 것으로 추정된다. 장례와 관련된 일뿐만 아니라 구성원 상호 간의 조력, 이를테면 미망인과 고아들에 대한 원조 등을 담당했던 것으로 보인다. 1194-1361년 동안 기록된 구성원들의 사망자 명부가 오늘날까지 전해지고 있다.
2. (옮긴이) 일종의 단체 회합인 시회(Puy)에는 시인, 귀족 등을 포함한 일부 특권층이 주로 참여했던 것으로 알려져 있으며, 서정시, 극작품, 죽은 이들에 대한 종교적 행사 등이 열렸던 것으로 보인다. 이에 대해서는 Christine Jacob-Hugon, *L'oeuvre jongleresque de Jean Bodel*, Paris-Bruxelles: De Boeck & Larcier, 1998, p. 27을 참조.
3. (옮긴이) 아홉 편의 파블리오가 장 보델의 작품으로 추정되며, 샤를마뉴와 색슨족의 왕 사이에서 벌어진 전투를 노래한 8천여 행에 달하는 길

이의 무훈시《색슨족의 노래》(*La Chanson des Saisnes*), 1198-1202년 사이에 만들어진 것으로 보이는 〈성 니콜라오극〉(Le Jeu de Saint Nicolas), 그리고 다섯 편의 파스투렐이 전해진다. 한편 장 보델은 '즐거움, 유용성, 진실함'의 세 가지 특징을 기준으로 당대의 서사 장르를 구분한 최초의 인물로도 유명하다. 그에 따르면 당대의 서사 장르는 '진실한 것'인 프랑스에 관한 것, '지혜가 가득하고 가름침이 있는' 로마와 관련된 것, 그리고 '비현실적이나 마음을 사로잡는' 브르타뉴(영국)와 관련된 제재로 구분된다. 이에 대해서는 김준현 · 이순희, 〈나병 시인 장 보델의《고별시》읽기—성찰의 글쓰기를 통한 치유와 구원〉,《프랑스어문교육》, 54(2016), pp. 89-114를 참조.

4. (옮긴이) 다소간 고통스러운 이유에서 자신의 벗들과 태어난 고향을 떠나게 되었을 때, 작별을 알리는 내용으로 이루어진 몇몇 13세기 시인들의 개인적인 서정시를 '*Congé*' 혹은 '*Congés*'라 부른다. 세 명의 시인이 이와 같은 시를 남겼으며, 그들이 바로 장 보델(Jean Bodel), 아당 드 라 알(Adam de La Halle), 그리고 보드 파스툴(Baude Fastoul)이다. 장 보델의 〈고별시〉는 고티에 드 샤티옹(Gautier de Châtillon)이 라틴어로 쓴 시와 엘리낭 드 프루아드몽(Hélinand de Froidmont)의 〈죽음의 시〉(Vers de la Mort)의 영향을 받은 것으로 보인다.
5. Hélinand de Froidmont, *Les Vers de la mort*, trad. Michel Boyer et Moniques Santucci, Paris: Champion, 1983.
6. (옮긴이) 이 시는 시에 대한 낭만적 사고의 전형처럼 여겨지기도 한다. 신뿐만 아니라 인간들의 버림을 받은 나병 환자로서의 '저주받은 시인'은 자신의 고통을 일체의 가감 없이 자유로이 노래하는 계기를 얻으며, 여기서 '개인의 심정을 남김없이 노래하는 서정시'가 만들어지기 때문이다. 고별시는 벗들과 은인들에게 보내는 사의 표명이 주된 목적이며, 이는 나병이라는 자신의 약점이 만들어준 자유 재량권이기도 하다. 첫 연은 자신의 창작 동기를 알리는 설명과도 같다. 이에 대해서는 Michel Zink, "Le ladre, de l'exil au Royaume. Comparaison entre les congés de

Jean Bodel et ceux de Baude Fastoul", in *Exclus et système d'exclusion dans la littérature et la civilisation médiévales*, Aix-en-Provence-Paris: Champion, 1978, pp. 69-88을 참조.

7. (옮긴이) '내 마지막 전투를 알리시니', '내 은거를 명하시니' 등으로 해석될 수 있다. 장 보델의 경우, 나병과의 싸움은 마지막 전투에 비견된다.

8. Pitiez ou ma matere puise,
   Pitié, où je puise ma matière,
M'ensaigne k'en ce me deduise
   enseigne-moi à me distraire
Que je sor ma matere die.
   en parlant de mon état.
N'est droit que mon sens amenuise
   Il n'est pas juste que mes facultés régressent,
Pour nul mal qui le cors destruise,
   quel que soit le mal qui détruit mon corps
Dont Diex a fait sa conmandie.
   par la volonté de Dieu.
Puis qu'il m'a joué de bondie,
   Puisqu'il a sonné pour moi la retraite,
Sans barat et sans truandie
   sans ruser et sans finasser,
Est droit que je a chascun ruise
   je dois à chacun demander,
Tel don que nus ne m'escondie,
   un don qu'il ne me refusera certes pas,
Congié, ains c'on me contredie,
   son congé, avant qu'on me le signifie,
Car des or criem que ne lor nuise.

car désormais j'ai peur de leur peser.

(Jean Bodel, *Congés*, in *Les Congés d'Arras* (*Jean Bodel, Baude Fastoul, Adam de la Halle*), Pierre Ruelle éd., Bruxelles-Paris: PUB-PUF, 1965, vv. 1-12)

31. "어두움 내리지만 나를 위해 날이 밝아오기에"

1. "Car il m'ajorne et si m'anuite." (Jean Bodel, *Congés*, dans *Les Congés d'Arras* (*Jean Bodel, Baude Fastoul, Adam de la Halle*), Pierre Ruelle éd., Bruxelles-Paris: PUB-PUF, 1965, v. 324)
2. (옮긴이) 나병에 걸린 시인은 더 이상 다른 이들이 다니는 대로를 택해 갈 권리가 없으며, 스스로도 감히 그렇게 할 수 없는 처지에 놓인다. 그렇기에 그는 사람들과 마주치지 않을 빠른 지름길만을 택하게 된다.
3. Thiebaut de la Pierre en ces vers

Dans ces vers, de Thibaud de la Pierre

Pren congié, honteus et couvers

je prends congé, honteux et furtif,

Com cil qui fortune desmonte:

en homme terrassé par le sort:

Tant m'est mais li siecles divers

désormais le monde m'est si hostile

Que n'os aler fors les travers.

que je n'ose aller que par les chemins de traverse.

Nule povretez ne m'effronte,

Ce n'est pas la pauvreté qui m'abat,

Tout mon mal oublie et mesconte,

j'oublie tout mon mal et le compte pour rien,

Mais li povretez est el honte

mais la pauvreté est dans la honte

Qui seüs est et descouvers.

qui est connue et publique.

Et Diex, qui toute riens sormonte,

Et que Dieu, qui a tout en main,

En penitance le me conte,

me le compte comme pénitence,

Car trop avtoie en deus enfers.

car deux enfers, ce serait trop pour moi.

(*Ibid.*, vv. 61-72)

4. Et de tout son povoir m'acuse

De tout son pouvoir elle me montre du doigt,

L'enfertés que j'ai tant repuse.

la maladie que j'ai si longtemps cachée.

Avoec ce m'amenrist et use

Avec cela, me ronge et me consume

Honte, que je tant criem et doute,

la honte, que je redoute tellement,

Qui m'a recommandé la muse

elle qui m'a poussé à cette dissimulation

Dont je meïsmes me refuse:

que je rejette de moi-même:

Miex m'en vient aller c'on m'en boute.

j'aime mieux m'en aller qu'être jeté dehors.

(*Ibid.*, vv. 150-156)

5. Mes cuers et li maus qui me maine

Mon coeur et le mal qui me domine

Ne sont pas fait d'une despoise.

ne sont pas faits du même alliage.

(*Ibid.*, vv. 275-276)

6. Loer me doi, qui que s'en plaigne,

   Se plaigne de lui qui veut, moi je dois me louer

   De Dieu qui m'a donné ensaigne

   de Dieu qui m'a marqué du signe

   D'une mort dont on puet revivre.

   d'une mort dont on peut revivre.

   (*Ibid.*, vv. 286-288)

7. (옮긴이) 장 보델의 작품은 다음과 같은 말로 끝난다: "어쩔 수 없이 그대들을 떠나야만 하니,/그 고통에 메는 내 마음/이제 내가 함께 있어야만 할 무리들/저 많은 끔찍한 자들 곁이니/부디 신께서 이제 내게 주시기를/내 육신 부수는 저 병을 참아낼 힘을/이를 받아들임으로써 나 이르게 되도록/내 영혼 그분께 바치는 데"("De vous me convient eschiuer,/Conment que li cuers m'en destraigne:/Avoec molt diverse conpaigne/M'estuet que je me racompaigne./Or m'i doinst Diex si endurer/Le mal qui le mien cors mehaigne/Que par le prendre en gré ataigne/A Dieu m'ame representer.", vv. 533-540).

8. Or primes vueil mon sens desclorre,

   Dès maintenant je veux que mon esprit éclose,

   Le cuer ouvrir et les iex clore,

   ouvrir mon coeur et fermer les yeux:

   Car il m'ajourne et si m'anuite.

   pour moi le jour se lève alors que la nuit tombe.

   (*Ibid.*, vv. 322-324)

32. "내 친구들 어떻게 되었나?"

1. (옮긴이) 뤼트뵈프는 여러 차례에 걸쳐 자신의 이름을 평하고 풀이한다. "사람들 나를 뤼트뵈프라 부르니,/이 이름은 '거친'과 '소'로 만든 것"("Que hom m'apele Rutebuef,/Qui est dit de "rude" et de "buef"", *La lections*

d'ypocrisie et d'umilitei, vv. 45-46), "그리고 나, 뤼트뵈프라는 이름을 가진,/'거친'과 '소'로 조합된"("Por moi, qui ai non Rutebuef/(Qui est dit de rude et de buef)", *La vie de sainte Marie l'Egypcienne*, vv. 1301-1302), "거칠게 일하는 자 뤼트뵈프는/제 앞도 못가린다 이야기들 하겠으니"("Or dirat on que mal ce cuevre/Rutebuez qui rudement huevre:", *Li mariages Rutebuef*, vv. 44-45), "뤼트뵈프가 거칠게 운을 지었다면/또 그의 운에 거친 데가 있다면/그렇게 운을 만든 자의 이름에 유의하십시오/ 거칠게 일하는 자 뤼트뵈프/거친 일을 거칠게 하는 자/[…]"("Se Rutebuez rudement rime/Et se rudesse en sa rime a,/Preneiz garde qui la rima./Rutebuez, qui rudement euvre,/Qui rudement fait la rude euvre,/Qu'asseiz en sa rudesse ment,/Rima la rime rudement./Car por nule riens ne creroie/Que bués ne feïst rude roie,/Tant i meïst hon grant estude./Se Rutebuez fait rime rude,/Je n'i part plus, mais Rutebués/Est ausi rudes coume bués.", *La vie de sainte Elyzabel*, vv. 1994-2006) 등의 구절을 예로 들 수 있다.

2. (옮긴이) 탁발종단에 대한 뤼트뵈프의 비난은 그들이 "도둑을 털어먹는 능란한 도적이고,/사기꾼을 속이는 사기꾼들이며/강도를 벗겨먹는 강도들"("Fors lerres est qu'a larron emble,/Et cil lobent les lobeors/Et desrobent les robeors", *L'état du monde*, vv. 42-44)임을 비난하는 대목이나, "백의(白衣)와 흑의(黑衣)를 입고,/도미니코회 수도사들은 이 세상에 왔다./그들 안에는 모든 미덕들이 풍성하니./원하는 자 그렇게 믿을지어라./의복을 보면, 그들은 정결하고 순수하니,/여러분들은 잘 알 것이다, 그것이 틀림없는 사실임을./혹 늑대가 두건달린 외투를 걸친다면,/사제인 것처럼 보일 것이니"("Jacobin sunt venu el monde/Vestu de robe blanche et noire./Toute bonteiz en eulz habunde,/Ce porra quiconques wet croire./Se par l'abit sunt net et monde,/Vos saveiz bien, ce est la voire,/S'uns leux avoit chape reonde,/Si resambleroit. li prouvoire.", *La descorde des Jacobins et de l'Universitei, VI*, vv. 41-48) 등에서 쉽게 발견된다. 이러한 비아냥은 성서의 "'거짓 예언자들을 조심하여라. 그들은 양의 탈을 쓰고 너희에게 나타나지만 속에는 사나운 이리가 들어 있다. […] 그러므로 너희는 그 행위를 보아 그들이 어떤 사람인지 알게 된

다'"(〈마태오 복음〉, 7, 15-20)는 가르침의 변주라 할 수 있다.

3. (옮긴이) 뤼트뵈프는 다른 시에서 자신의 아내에 대해, 자신 이외에는 누구도 좋아하지 않을 여인이며, 가난과 불편함에 빠져 있는 여인을 택한 결혼으로 이제 자신도 아내만큼 가난과 불편함에 시달린다는 점을 늘어놓는다. 또 아내가 젊지도 아름답지도 않기에, 아내가 자신을 속일지도 몰라 걱정할 필요가 전무하다고 자조적인 농을 던지기도 한다(*Li mariages Rutebuef*, vv. 28-43).
4. (옮긴이) 이상의 내용은 〈자신의 눈을 두고 하는 뤼트뵈프의 한탄〉(La complainte Rutebuef de son oeul)이라는 시의 요약이다.
5. Mes costeiz connoit le pailliz,

 Mes côtes se frottent au paillis,

 Et lit de paille n'est pas liz,

 et lit de paille n'est pas lit,

 Et en mon lit n'a fors la paille.

 et mon lit n'est fait que de paille.

 Sire, je vos fais a savoir,

 Sire, je vous le fais savoir,

 Je n'ai de quoi do pain avoir.

 je n'ai même pas de quoi acheter du pain.

 A Paris sui entre touz biens,

 À Paris, je suis entouré de toutes les richesses,

 Et n'i a nul qui i soit miens.

 et il n'y a rien qui soit à moi.

 (Rutebeuf, « La pauvreté Rutebeuf », *Œuvres complètes*, Michel Zink éd., Paris: Le Livre de Poche, coll. Lettres gothiques, 2001 (1re éd., Classiques Garnier, 1989-1990), vv. 34-40, pp. 972-973)
6. Que sont mi ami devenu

Que sont mes amis devenus,

Que j'avoie si pres tenu

qui m'étaient si proches,

Et tant amei?

que j'aimais tant?

Je cuit qu'il sunt trop cleir semei;

Je crois qu'ils étaient trop clairsemés;

Il ne furent pas bien femei,

ils n'ont pas eu assez d'engrais:

Si unt failli.

les voilà disparus.

Iteil ami m'ont mal bailli,

Ces amis-là ne m'ont pas bien traité:

C'onques, tant com Diex m'assailli

jamais, aussi longtemps que Dieu multipliait

En maint costei,

mes épreuves,

N'en vi .I. soul en mon ostei.

il n'en est venu un seul chez moi.

Je cui li vens les m'at ostei,

Je crois que le vent me les a enlevés,

L'amours est morte:

l'amour est morte:

Se sont ami que vens enporte,

ce sont amis que vent emporte,

Et il ventoit devant ma porte,

et il ventait devant ma porte:

Ses enporta.

il les a emportés.

(« La complainte Rutebeuf », *ibid.*, vv. 110-124, pp. 324-325)

7. (옮긴이) 레오 페레가 만든 노래의 가사는 다음과 같다: "Que sont mes amis devenus/Que j'avais de si près tenus/Et tant aimés/Ils ont été trop clairsemés/Je crois le vent les a ôtés/L'amour est morte/Ce sont amis que vent emporte/Et il ventait devant ma porte/Les emporta//Avec le temps qu'arbre défeuille/Quand il ne reste en branche feuille/Qui n'aille à terre/Avec pauvreté qui m'atterre/Qui de partout me fait la guerre/Au temps d'hiver/Ne convient pas que vous raconte/Comment je me suis mis à honte/En quelle manière//Que sont mes amis devenus/Que j'avais de si près tenus/Et tant aimés/Ils ont été trop clairsemés/Je crois le vent les a ôtés/L'amour est morte/Le mal ne sait pas seul venir/Tout ce qui m'était à venir/M'est avenu//Pauvre sens et pauvre mémoire/M'a Dieu donné le Roi de gloire/Et pauvre rente/Et droit au cul quand bise vente/Le vent me vient le vent m'évente/L'amour est morte/Ce sont amis que vent emporte/Et il ventait devant ma porte/Les emporta/L'espérance de lendemain/Ce sont mes fêtes".
8. « La voie d'Humilité », *ibid.*, vv. 18-19, pp. 344-345.
9. (옮긴이) 1867년 태어나 1933년 사망한 프랑스 시인으로 본명은 가브리엘 랑동(Gabriel Randon de Saint-Amand)이며, 장 릭튀스 혹은 제앙 릭튀스로 발음되는 이름인 'Jehan Rictus'를 가명으로 사용하였다. 당대 파리 민중의 언어로 시를 썼으며, 《가난한 자의 독백들》은 파리를 전전하는 집 없는 이들의 혼잣말로 이루어진 시집이다.
10. (옮긴이) 두 개의 8음절 시구와 1개의 4음절 시구로 이루어진 3행시로, 'AAb, BBc, CCd' 등의 각운 구조를 취한다.

33. 장미 이야기

1. "Au vuintieme an de mon aage,　　La vingtième année de mon âge,

Ou point qu'amors prent le peage	Quand Amour prélève son péage
Des joenes genz, [...]"	Sur les jeunes gens

(Guillaume de Lorris et Jean de Meun, *Le Roman de la Rose*, Armand Strubel éd., Le Livre de Poche, coll. Lettres gothiques, 1992, vv. 21-23, pp. 42-43)

2. (옮긴이) 유희의 정원에서 원무를 추던 여러 '미덕'은 사랑을 하는 데 도움이 되고 유리한 것을 의미하며, 구체적으로는 환희(Leesce), 정중함(Cortoisie), 아름다움(Biautés), 부귀(Richece), 후의(Largece), 정직(Franchise), 청춘(Jonece) 등이다.
3. (옮긴이) 젊은이가 본 '샘의 바닥에는 두 개의 수정석이 있었고, 이 수정석은 거울이 앞에 있는 사물의 형상과 색깔, 모습을 있는 그대로 보여주는 것과 마찬가지로, 샘물을 들여다보는 사람에게 정원에 있는 모든 것을 정확하게 보여주는' 힘을 갖고 있었다. '거울 속에 보이는 수많은 사물들 가운데 주인공은 장미꽃이 만발한 장미나무들을 발견했고, 그곳으로 가고 싶은 욕망에 사로잡힌다.
4. (옮긴이) 이성은 '사랑이 정념의 눈길에서 비롯된 열정으로 인해 걸리는 생각의 병'임을 이야기하면서, 사랑의 이중성을 이야기한다.
5. (옮긴이) 원문에 제시된 요약 내용은 "Tentant de parvenir à ses fins par l'hypocrisie, l'amant fait appel à Faux-Semblant et à Abstinence Contrainte, qui, sous le froc des dominicains [...] tuent Danger et soudoient la Vieille" 이라 위험을 죽인 것으로 읽히지만, 《장미 이야기》의 해당 부분을 참조했을 경우 험구를 죽인 것이 맞는 것으로 생각된다. 원문 12331-12374행을 참조.
6. "Ainsi j'eus la rose vermeille./Voici le jour, et je m'éveille" (*Ibid.*, p. 1121).

34. 자연의 대장간

1. Boèce, *La Consolation de Philosophie*, Claudio Moreschini éd., Éric Vanpeteghem trad., Le Livre de Poche, coll. Lettres gothiques, 2005.
2. (옮긴이) 장 드 묑은 1284년 베게티우스(Vegetius)의 《군사술》(*De Re Mili-*

tari)을 프랑스어로 옮기며, 아벨라르와 엘로이즈(Abélard et Heloise)의 서한 역시 최초로 옮긴 바 있다. 한편 그는 보에티우스의 《철학의 위안》(*De consolatione philosophiae*) 또한 프랑스어로 번역하였다. 장 드 묑의 보에티우스 작품 번역에 대해서는 김준현, 〈장 드 묑의 『철학의 위안』 번역에 관한 고찰—'중세 번역' 연구를 위한 시론〉, 《외국문학연구》, 36(2009), pp. 49-80을 참조.

3. (옮긴이) 《장미 이야기》의 17105-17128행을 참조.
4. (옮긴이) 장 드 묑은 '자신의 가르침을 잘 듣고 믿는다면 결코 사랑의 달콤한 병으로 인해 죽는 사람이 없을 것이라 말하며, 그렇기에 앞으로 살아갈 사람들이 이 책을 〈연인들의 거울〉(Le miroer aus amoureus)이라 부르게 될 것'임을 밝힌다. 10652-10660행을 참조.
5. Guillaume de Lorris et Jean de Meun, *Le Roman de la Rose*, Armand Strubel éd., Le Livre de Poche, coll. Lettres gothiques, 1992, vv. 13890-13891, p. 736.
6. (옮긴이) 16770-16788행을 참조.

35. "주앵빌 경, 나는 이곳을 그리 빨리 떠나지 않을 것이오"

1. « Mestre Robert, salve vostre grace, je ne foiz mie a blasmer se je me vest de vert et de vair, car cest abit me lessa mon père et ma mère; mes vous faites a blasmer, car vous estes filz de vailain et de vilaine, et avez lessié l'abit vostre père et vostre mère, et estes vestu de plus riche camelin que le roy n'est. » Et lors je pris le pan de son seurcot et du seurcot le roy et li diz: « Or esgardez se je di voir. »

   « Maître Robert, sauve votre grâce, je ne suis pas à blâmer si je m'habille de vert et de vair, car c'est mon père et ma mère qui m'ont laissé ce vêtement; mais c'est vous qui êtes à blâmer, car vous êtes fils de vilain et de vilaine, et vous avez abandonné le vêtement de votre père et de votre mère, et vous êtes vêtu d'un drap plus riche que celui du roi. » Et alors je pris le pan de son surcot et le pan de celui du roi, et je lui dis: « Regardez si je ne dis pas vrai. »

(Jean de Joinville, *Vie de saint Louis*, Jacques Monfrin éd., Le Livre de Poche, coll. Lettres gothiques, 2002, § 36, pp. 164-165)

2. (옮긴이) 루이 9세가 성지에 남아야 할지 아니면 일단 프랑스로 돌아가 전열을 재정비하고 다시 돌아올지를 정하는 회의에서, 주앵빌을 제외한 모두가 프랑스로 돌아가야 한다는 입장을 취한다. 회의를 마친 후 이루어진 점심 식사가 끝날 때까지, 국왕은 주앵빌에게 한 마디도 말을 걸지 않으며, 이를 두고 주앵빌은 루이 9세가 자신에게 화를 내고 있다고 여긴다. 주앵빌은 왕의 침내 미리맡 부근에 있던 창문 앞에서, 쇠창살 사이로 팔을 내민 채, 루이 9세가 프랑스로 돌아갈 경우 자신은 안티오크로 가겠다고 속으로 다짐한다. 그때 누군가 뒤에서 어깨에 기대고는 두 손을 주앵빌의 머리에 얹는다. 주앵빌은 회의 때 자신과 논쟁을 펼쳤던 필리프 드 느무르(Philippe de Nemours)인 줄 알고, 자신을 가만히 내버려 달라고 소리치면서 몸을 돌린다. 그때 주앵빌은 자신이 몸을 돌리는 바람에 얼굴 부근으로 내려온 손가락에서 국왕의 에메랄드 반지를 발견하고, 자신의 뒤에 있던 사람이 루이 9세였음을 알게 된다(*Ibid.*, pp. 396-398을 참조).
3. Il me sembloit en mon songe que je le veoie devant ma chapelle, a Joinville, et estoit, si comme il me sembloit, merveilleusement lié et aise de cuer; et je meismes estoie moult aise pour ce que je le veoie en mon chastel, et li disoie: « Sire, quant vous partirés de ci, je vous herbergerai a une moie meson qui siet en une moie ville qui a non Chevillon. » Et il me respondi en riant et me dit: « Sire de Joinville, foi que doi vous, je ne bee mie si tost a partir de ci. »

   Il me semblait en mon songe que je le voyais devant ma chapelle à Joinville: et il était extraordinairement joyeux et allègre de cœur; et moi-même j'étais bien aise parce que je le voyais dans mon château et je lui disais: « Sire, quand vous partirez d'ici, je vous hébergerai dans une maison à moi qui se trouve dans une ville qui m'appartient, qui s'appelle Chevillon. » Et il me répondait en riant: « Sire de Joinville, par la foi que je vous dois, je ne désire pas sitôt partir d'ici. »

(*Ibid.*, § 766, pp. 602-603)

36. 프루아사르 혹은 소설을 닮은 역사

1. (옮긴이) 일례로 몽테뉴가 프루아사르를 언급하는 대목은 1권 26장, 2권 10장, 2권 25장 등이 있다.
2. (옮긴이) 1679-1689년을 시간적 배경으로 또 스코틀랜드를 공간적 배경으로 삼은 월터 스콧의 소설 《묘지기 노인》(*Old Mortality*)은 원래 제목이 'The Tale of Old Mortality'이다. 프랑스어로 번역된 작품 제명은 'Le Vieillard des tombeaux ou les Presbytériens d'Écosse'였다. 이 소설에서 프루아사르에 대한 언급은 다음과 같이 기술된다: "'Poh! poh! your are critical,' returned Claverhouse. 'I tell you I thought you a different sort of person. Did you ever read Froissart?'/'No,' was Morton's answer./'I have half a mind,' said Claverhouse, 'to contrive you should have six months' imprisonment in order to procure you that pleasure. His chapters inspire me with more enthusiasm than even poetry itself. And the noble canon, with what true chivalrous feeling he confines his beautiful expressions of sorrow to the death of the gallant and high-bred knight, of whom it was a pity to see the fall, such was his loyalty to his king, pure faith to his religion, hardihood towards his enemy, and fidelity to his ladye-love! [...]"(Walter Scott, *Old Mortality*, ed. Angus Calder, Penguin Books, 1975, p. 382).
3. (옮긴이) 해당 대목의 원문은 다음과 같다: "Frédéric reprit:/-Ce n'est pas là ce que nous croyions devenir autrefois, à Sens, quand tu voulais faire une histoire critique de la Philosophie, et moi, un grand roman moyen âge sur Nogent, dont j'avais trouvé le sujet dans Froissart: Comment messire

Brokars de Fénestranges et l'évêque de Troyes assaillirent messire Eustache d'Ambreciourt. Te rappelles-tu?" (Flaubert, *Œuvres II*, éd. A. Thibaudet et R. Dumesnil, Paris: Gallimard, 1952, p. 455). 이와 관련해서는 Michel Zink, "Nerval in the Library, or The Archives of the Soul", *Representations*, 56(1996), pp. 96-105를 참조.

4. Jean Froissart, *Chroniques. Livre I (première partie, 1325-1350) et livre II*, Peter F. Ainsworth et George T. Diller éd., Le Livre de Poche, coll. Lettres gothiques; *Chroniques. Livre III (du Voyage en Béarn à la campagne de Gascogne) et livre IV (1389-1400)*, Peter F. Ainsworth et Alberto Varvaro éd., Le Livre de Poche, coll. Lettres gothiques, 2004.
5. Tout me tournoient à grant plaisance et récréation les contes que mesire Espieng de Lyon me contoit, et m'en sembloit le chemin trop plus bref. (*Ibid.*, III, 12, p. 162)
6. *Ibid.*, III, 15, p. 198.
7. Quant je fus venu à Douvres, je ne trouvay homme de ma congnoissance, du temps que j'avoie fréquenté en Angleterre, et estoient les hostels tous renouvellés de nouveau poeuple, et les joeunes enffans, fils et filles, devenus hommes et femmes, qui point ne me congnoissoient ni moy euls. (*Les Chroniques de Sire Jean Froissart*, J. A. C. Buchon éd., Paris: Desprez, 1835, III, XL, p. 198)

37. 사랑의 유년기

1. Jean Froissart, *Melyador*, Nathalie Bragantini-Maillard éd., Genève: Droz, 2012.
2. Jean Froissart, « Le dit du florin », *Dits et débats*, Anthime Fourrier éd., Genève: Droz, 1979.
3. *L'Espinette amoureuse*, Anthime Fourrier éd., Paris: Klincksieck, 2002 (3e éd).

4. (옮긴이) 해당 대목은 143-150행에 걸쳐 언급된다.
5. (옮긴이) 각종 놀이들은 151행에서 184행에 걸쳐 이야기된다.
6. Et quant on me mist a l'escole

    Et quand on me mit à l'école

    Ou les ignorans on escole,

    où on instruit les ignorants,

    Il y avoit des pucelettes

    il y avait des petites filles

    Qui de mon temps erent jonetes,

    qui de mon temps étaient jeunettes,

    Et je, qui estoie puchiaus,

    et moi qui étais innocent,

    Je les servoie d'espinchiaus,

    je leur offrais de petites broches,

    Ou d'une pomme, ou d'une poire,

    ou une pomme, ou une poire,

    Ou d'un seul anelet de voire,

    ou un simple anneau de verre,

    Et me sembloit, au voir enquerre,

    et il me semblait, si l'on veut savoir la vérité,

    Grant proësce a leur grasce acquerre;

    qu'acquérir leurs bonnes grâces était grande prouesse;

    Et ossi esce vraiement,

    et c'en est vraiment une,

    Je ne le di pas autrement.

    je n'ai pas changé d'avis.

    (*Ibid.*, vv. 35-46, p. 50)

38. "오랜 기다림의 숲에서"

1. Le temps a laissié son manteau
De vent, de froidure et de pluye,

   Le temps a laissé son manteau
De vent, de froidure et de pluie

   (Charles d'Orléans, Rondeau 103, *Ballades et Rondeaux*, Jean-Claude Mühlethaler éd., Le Livre de Poche, coll. Lettres gothiques, 1992, p. 448)

2. (옮긴이) 의인화되어 표현된 좋은 계절과 나쁜 계절의 대조는 사회적 위계뿐만 아니라 모럴 차원의 어휘들로 구체화된다. 'villain'이라는 말은 'paysan, rustre'를 의미하지만, 여기서는 모럴 차원의 대비를 드러내기 위해 '소인'으로 옮겼다.

3. Yver, vous n'estes q'un villain!
Esté est plaisant et gentil,

   Hiver, vous n'êtes qu'un vilain.
Été est plaisant et gentil

   (Rondeau 37, *ibid.*, p. 380)

4. (옮긴이) 샤를 도를레앙에게 찾아든 불행은 여기서 그치지 않았다. 모친이 이듬해 숨을 거두며, 영국 국왕 리처드 2세(Richard II)의 미망인이자 그의 첫 번째 아내였던 이자벨 드 프랑스(Isabelle de France)도 1409년 사망한다.

5. (옮긴이) 1422년 발루아 왕조의 다섯 번째 왕으로 즉위함으로써, 샤를 7세가 되는 황태자는 1420년 헨리 5세와 부친 샤를 6세 사이에 체결된 트루아 조약을 통해 왕위 계승권을 박탈당한다. 이 조약에서 샤를 6세 사후 헨리 5세가 프랑스 왕위를 계승하는 것이 확정되었기 때문이다. 아울러 이러한 왕위 계승권 박탈에는 어머니 이자보 드 바비에르(Isabeau de Bavière)가 국왕의 동생 오를레앙공(公)과 관계를 맺은 일 때문에 그의 출생이 의심스럽다는 논란 역시 크게 일조하였다. 1422년 8월 헨리 5세가 사망하고, 같은 해 10월 샤를 6세가 사망했을 때, 일부에서는 프랑스 왕위 계승권이 헨리 5세와 카트린 사이에서 태어난 아들 헨리 6세(1421-1471)에게 있다는 주장이 있기도 했다.

6. (옮긴이) 1973년 8월 스톡홀름의 크레디트 은행에서 발생한 6일 동안의 인질극 사건에서 유래된 표현으로, 인질이 인질범에게 동조하는 경향을

가리킨다.

7. (옮긴이) 시인들과 방문객들로는 르네 당주(René d'Anjou), 장 메시노(Jean Meschinot), 올리비에 드 라 마르슈(Olivier de la Marche), 조르주 샤틀랭(Georges Chastellain), 프랑수아 비용(François Villon) 등을 들 수 있고, 그의 측근들로는 프레데(Fredet), 앙투안 드 퀴즈(Antoine de Cuise), 앙투안 드 뤼세(Antoine de Lussay) 등의 인물들이 있었다.

8. "Priez pour paix, le vray tresor de joye!"(Refrain de la ballade 99, *ibid.*, pp. 288-290).

9. En regardant vers le païs de France,
    En regardant vers le pays de France
Un jour m'avint a Dovre sur la mer
    Un jour m'advint à Douvres sur la mer
Qu'il me souvint de la doulce plaisance
    Qu'il me souvint de la douce plaisance
Que souloye ou dit païs trouver.
    Que je souloie★ au dit pays trouver… ★ j'avais coutume de
(Ballade 98, pp. 286-287, vv. 1-4)

10. A ce jour de saint Valentin
Que chacun doit choisir son per★, ★ son chacun ou sa chacune
Amour, demourray je non per★, ★ solitaire, « non apparié »
Sans partir à votre butin★? ★ sans avoir part à votre butin

A mon réveiller au matin
Je n'y ai cessé de penser,
A ce jour de saint Valentin.

Mais Nonchaloir, mon médecin,
M'est venu le pouse★ tâter, ★ pouls

Qui m'a conseillé reposer

Et rendormir sur mon coussin,

A ce jour de saint Valentin.

(Rondeau 50, *ibid.*, pp. 394-395)

11. "[E]n yver, du feu, du feu!/Et en esté, boire, boire!"(Rondeau 283, *ibid.*, p. 634).

12. "[S]ouper ou baing et disner ou bateau"(Rondeau 281, *ibid.*, p. 632).

13. En la forêt de Longue Attente,

Par vent de Fortune violente,

Tant y vois abattu de bois

Que, sur ma foi, je n'y connois

A présent ni voie ni sente.

Pieça y pris joyeuse rente*; * Jadis j'y percevais une rente de joie

Jeunesse la payoit contente*. * comptant

Or n'y ai qui vaille une noix*, * je n'y possède même plus la valeur d'une noix

En la forêt de Longue Attente.

Vieillesse dit, qui me tourmente:

« Pour toi n'y a pesson* ne vente** * petite monnaie ** taxe sur la vente

Comme tu as eu autrefois;

Passez sont tes jours, ans et mois.

Suffise-toi* et te contente * Tiens-t'en satisfait

En la forêt de Longue Attente! »

(Rondeau 195, *ibid.*, pp. 540-541)

39. "그대들, 그를 여기 버려두려는가, 불쌍한 비용을?"

1. François Villon, « Épître à ses amis ». Auguste Longnon, revue par Lucien

Foulet(Paris: Champion, 1932), Jean Rychner et Albert Henry(Genève: Droz, 5 vol., 1974-1985), Claude Thiry(Le Livre de Poche, coll. Lettres gothiques, 1991) 등의 판본에 의거 인용. 아울러 현대어 번역 및 여러 세기에 걸친 비용 수용에 대해 특기할 만한 자료를 제공하는 최근 판본인 François Villon, *Œuvres complètes*, éd. Jacqueline Cerquiglini-Toulet, avec la collaboration de Laëtitia Tabard, Paris: Gallimard, coll. Bibliothèque de la Pléiade, 2014를 참조.

2. « Ballade du concours de Blois ».
3. (옮긴이) 〈블루아 시회(詩會)의 발라드〉의 경우, 프랑수아 비용, 《유언의 노래》, 김준현 옮김, 민음사, 2016, pp. 83-84를 참조.
4. (옮긴이) "그리고, 내게 아버지 이상의 분이었던/기욤 드 비용 어르신께,/그분은 강보에서 갓 나온 아이인 내게/어머니 이상으로 부드러운 분이셨고"("Item, et à mon plus que pere,/Maistre Guillaume de Villon,/Qui esté m'a plus doulx que mere,/Enffant eslevé de maillon", 8행시 LXXXVII, vv. 849-852).
5. (옮긴이) 비용의 이름에 관해서는 김준현, 〈시인 비용의 이름을 찾아서—명명(命名)의 의도〉, 《프랑스문화예술연구》, 51(2015), pp. 127-150을 참조.
6. (옮긴이) "나는 떠나야만 하건만/돌아올 기약 없구나/(나 흠없는 사람이 아니고/강철이나 주석으로 만들어진 것도 아닌 터,/인간의 삶은 불확실하고/죽은 다음에는 너무 늦을 터라)/—나 머나먼 곳으로 떠나가기에—/이 유증시를 마련하노라." 원문은 다음과 같다: "Et puys que departir me fault/Et du retour ne suys certain/- Je ne suys homme sans deffalt,/Ne qu'aultre d'assier ne d'estain:/Vivre aux humains est incertain/Et après mort n'y a relaiz;/Je m'en vois en pays lointain -/Si establi[s] ce present laiz"(L,VIII, vv. 57-64).
7. Je congnois approucher ma seuf,

   Je sens approcher la soif de mon agonie,

   Je crache blanc comme coton

je crache blanc comme du coton,

Jacoppins groz comme ung estuef.

des jacobins gros comme une balle de tennis.

(*Testament*, huitain LXXII, vv. 729-731)

8. En l'an de mon trentïesme aage,
Que toutes mes hontes j'euz beues,
Ne du tout fol, ne du tout saige,
Non obstant maintes peines eues,
Lesquelles j'ai toutes receues
Sobz la main Thibault d'Aussigny...
S'evesque il est, signant les rues*,   * s'il est évêque, bénissant les les
Qu'il soit le mien, je le regny!   [rues du signe de croix

(*Ibid.*, huitain I)

9. L'an quatre cens cinquante six
Je, Françoys Villon, escollier,
Considérant, de sens rassis...

10. La mort le fait fremir, pallir,
Le nez courber, les vaines tendre,
Le corps enfler, la chair mollir,
Joinctes et nerfs croistre et estendre.

(*Ibid.*, huitain XLI)

11. (옮긴이) 김준현, 〈'죽음'과 '시적 현대성'—비용, 보들레르, 랭보〉, 《불어불문학연구》, 83(2010), pp. 85-128을 참조.

12. La pluye nous a debuez* et lavez   * lessivés
Et le soleil deseichez et noircis.
Pies, corbeaulx nous ont les yeulz cavez
Et arraché la barbe et les sourcilz.

(*Ballade des pendus*, vv. 21-24)

40. 그래 이제, 읽어본다면?

1. (옮긴이) 노래의 대강의 개요는 다음과 같다: 작은 플루트 연주자의 노래에 매료된 왕이 그에게 문장(紋章)을 하사하려고 하자, 악사는 말한다. 그렇게 되면 자신의 '라'(La) 소리는 너무 빼길 것이고, 사람들이 도처에서 그가 변했다고 말할 것이라고. 그러면 자신의 초라한 종탑이 보잘것없어 보일 테고, 영주의 저택이 필요하게 될 것이라고. 조상들을 부끄럽게 생각하고 으리으리한 계통수를 바랄 거라고. 약혼녀를 버리고 공주와 결혼하게 될 것이라고. 작은 플루트 연주자는 문장도 양피지도 명예도 모두 버리고, 그의 작은 종탑, 그의 부모, 그의 약혼녀를 향해 길을 떠난다.

옮긴이의 말

'시의 중세'를 만나는 길에서

다소 긴 여담, 그것도 번역한 책과 무관하다고 볼 수 있을 지극히 개인적인 번역자의 이야기를 적는 것이 '시의 중세'가 들려주는 기쁨들을 전하고, 과거와 현대가 이어지는 특별한 순간들을 보여주는, 그리고 귓가에 남아 여전히 매혹적인 울림을 남기는 미셸 쟁크 교수의 책을 보다 자세히 소개하는 데 방해가 되지는 않을지 염려되는 것이 사실이다. 그러나 달리 생각해보면, 어떻게 우연히 또 의도치 않게 유럽과 다른 문명권에 속하는 동아시아의, 한국의 어느 젊은이가 중세 프랑스 문학을 처음으로 알게 되었는지, 미지의 오솔길 저편에서 어떤 매력을 기대했는지, 또 오랜 시간 동안 중세 작품들에서 어떤 매혹과 괴로움들을 느꼈는지, 그리고 조금 과장해서 말한다면 노년의 샤를 도를레앙을 조금은 이해할 수 있는 나이가 되어 무엇을 생각하게 되는지, 마지막으로 이 책을 어떻게 번역하게 되었는지를 우회적으로 이야기하는 것도 저자가 소개하기를 바라는 "오래된 또 머나먼 시"에 친근하게 다가가는 데 도움이 될지도 모르겠다.

미셸 쟁크 교수는 중세 문학과 함께 보냈던 과거 삼십여 년을 회고하는 어느 글에서,[1] 어렸을 때 후일 그의 스승이 될 피에르 르 장티(Pierre Le Gentil) 교수를 만난 일화로 이야기를 시작한다. 그런데 피에르 르 장티라는 이름은 내게도 특별한 기억 하나를 불러일으킨다. 대학교에 입학했던 1989년, 어떤 이유에서였는지는 정확히 생각나지 않지만, 광화문 뒤쪽에 있던 범한서적이라는 곳을 물어물어 찾아갔던 적이 있었다. 손님도 거의 없던 어느 오후, 범한서적의 서가를 이리저리 둘러보다가 그곳에서 몇 권의 작은 프랑스 책을 샀고, 그 가운데 한 권이 바로 피에르 르 장티 교수가 15세기 프랑스 시인 프랑수아 비용에 대해 썼던 개설서였다.[2] 그러나 당시 내가 프랑스어 원서를 읽을 실력도 되지 않았을 뿐만 아니라 프랑수아 비용에 대해서 역시 별반 관심을 두지 않았던 만큼, 이 책을 펼쳐보지는 않았던 것 같다. 내가 미셸 쟁크 교수의 이름을 처음으로 또 우연히 알게 된 것도 대학 시절 광화문의 어느 큰 서점에서였다. 1993년 아니면 1994년, 정확히 언제였는지는 부정확하지만, 교보문고의 외서 코너를 둘러보다 《문학적 주관성—루이 성왕 시대를 중심으로》라는 제목의 책을 발견했고,[3] 저자에 대해서도 책의 내용에 대해서도 잘 모른 채 무턱대고 이 책을 구입했다. 하지만 이 책 역시 피에르 르 장티의 책과 마찬가지로 곧 방치되었고 내 기억에서도 지워졌다.

이 두 권의 책, 그리고 두 명의 저자의 이름을 다시 떠올리게 된 것은 내가 대학교 4학년이었던 1995년의 일로 기억된다. 당시 수강하고 있었던 강성욱 교수의 프랑스 시 강독에서 나는 처음으로 몇몇 중세 시를, 뤼트뵈프의 〈뤼트뵈프의 가난〉, 샤를 도를레앙의 발라드 한 편과 롱도, 그리고 죽

1. Michel Zink, "Trente ans avec la littérature médiévale. Note brève sur de longues années", *Cahiers de civilisation médiévale* 39(1996), pp. 27-40.
2. Pierre Le Gentil, *Villon*, Paris: Hatier, coll. Connaissance des lettres, 1967.
3. Michel Zink, La *Subjectivité littéraire. Autour du siècle de saint Louis*, Paris: P.U.F., 1985.

음을 이야기하는 프랑수아 비용의 8행시 몇 편과 〈거년(去年)의 미녀들에 대한 발라드〉를 읽게 되었다. 당시 기말 과제로 제출했던 프랑수아 비용의 〈거년의 미녀들에 대한 발라드〉에 대한 글을 쓰기 위해, 본의 아니게 피에르 르 장티 교수의 책, 당시 내가 가진 유일한 참고 도서가 오랜 망각의 늪에서 소환되었던 것으로 기억난다. 이렇게 접하게 된 중세 문학을 내가 그리 싫어하지는 않았던 것 같다. 그해 나는 후배들과 같이 조제프 베디에가 재구성한 트리스탕과 이죄 이야기를 함께 읽었고,[4] '거친 바다에서 두 연인이 마신 쓰라린 사랑과 죽음'에 매료되어 대학원에 입학하게 되었다. 그러나 당시 나는 트리스탕과 이죄의 전설이 영국, 프랑스, 독일, 노르웨이 등지에 산일된 판본으로 남아 있다는 것도, 내가 읽었던 조제프 베디에의 판본이 재구성되고 다시 쓴 일종의 '번안'이라는 것도 알지 못했다. 공부하려고 했던 것이 얼마나 방대한 작업인지를 느끼고 당황해하던 내게, 강성욱 교수는 두 명의 중세 작가, 바로 뤼트뵈프와 비용을 소개해주었다. 그리고 두 권으로 이루어진 노란색 표지의 뤼트뵈프 판본에서,[5] 나는 편찬자인 미셸 쟁크 교수의 이름을 다시 보게 되었다.

두 시인 가운데 누구를 택할지를 고민하던 끝에, 결국 나는 프랑수아 비용을 공부해보기로 마음먹었다. '중세 최대의 시인' 혹은 '저주받은 시인'의 시조처럼 비용을 칭하는 언급들에 마음이 끌린 것이 사실이며, 그즈음 송면 교수가 쓴 프랑수아 비용에 관한 책이 나왔던 것도 이러한 선택을 하는 데 큰 역할을 했다.[6] 그러나 가장 결정적인 이유는 다른 데 있었다. 13세기에 활동했던 시인 뤼트뵈프보다는 이백 년 뒤인 15세기에 살았던 시인을 공부하는 것이 더 쉬울 것만 같았기 때문이다. 물론 이러한 생각은 얼마 지나지 않아 프랑수아 비용에 대한 1980년대까지의 방대한 연구 서지들을 목록화한 한 권의 책을 구하고 난 뒤 사라졌다.[7] 이후 프랑수아 비용에 관한 방대한 연구들을 조금씩 읽으면서, 시인에 대한 무수한 자료들을 하나씩 둘씩 구하던 중에 읽게 된 미셸 쟁크 교수의 짧은 소논문 한 편이 내 석사 학위 논문의 기본 틀이자 출발점이 되었다.[8]

4. *Le Roman de Tristan et Iseut*, renouvelé par Joseph Bédier, Paris: H. Piazza, 1901; 1946.
5. Rutebeuf, *Œuvres complètes*, 2 vols, texte établi, traduit, annoté et présenté avec variantes par Michel Zink, Paris: Bordas, 1989.
6. 宋勉,《프랑수아 비용 그 生涯와 詩 世界》, 東文選, 1995.
7. Rudolf Sturm, *François Villon. Bibliographie und Materialien 1489-1988*, 2 vols, München-London-New York-Paris: K. G. Saur, 1990.

박사 학위를 준비하면서 또 그 이후, 보들레르, 베를렌, 랭보, 아폴리네르, 말라르메, 라포르그 등 많은 19-20세기 시인들의 시와 그들의 시 세계를 황현산 교수의 강의를 통해 접하면서, 중세와 현대의 연관성 혹은 중세 문학의 현재성에 대해 더 많이 생각하게 되었던 것도 사실이다. 또 이를 통해 미셸 쟁크 교수가 쓴 논문과 책들에 대해 보다 깊은 관심을 가지게 되었고, 그의 글을 읽어가면서 조금씩 중세 문학을 새롭게 이해하는 한편 또 다른 중세 작가, 또 다른 작품들에 대해 흥미를 가질 수 있었다. 많은 미셸 쟁크 교수의 저작들 중에서도 콜레주 드 프랑스 취임 강연과 그해 강의했던 여성들의 노래에 관한 내용을 모아 출판된 한 권의 책,[9] 중세의 종교적 이야기들을 다시 쓴 한 권의 책,[10] 트루바두르들의 시와 생애를 이야기한 한 권의 책,[11] 그리고 자연과 관련된 중세 시의 두 가지 특징인 만물의 생성 및 형상을 이야기했던 전통 그리고 사랑 노래의 매개이자 동인으로서의 자연에 대한 폭넓은 소개가 이루어진 한 권의 책은,[12] 그때까지 제대로 알지 못했던 혹은 전혀 알지 못했던 새로운 즐거움과 호기심을 내게 안겨주었다.

2014년 2월 27일, 그때까지 오직 글을 통해서만 알고 있었던 미셸 쟁크 교수에게 처음으로 초청 강연을 청하는 메

일을 보내게 되었다. 당시 콜레주 드 프랑스 교수이자 아카데미 회원으로 활동하고 있었던 미셸 쟁크 교수는 다음 날 보낸 답장에서 낯선 타인의 초청을 흔쾌히 받아들였으며, 그해 10월 방한하여 세 번의 특강에서 12-13세기의 서정시, 중세의 종교적 이야기에 담긴 단순함의 지혜, 그리고 프랑수아 비용에 대한 내용들을 들려주었다. 또 방한한 미셸 쟁크 교수와의 이야기에서 그해 여름 그가 라디오 방송에서 매일 중세 문학을 청취자들에게 소개해주었다는 것을 들을 수 있었고, 방송분들이 곧 책으로 묶여 나올 것이라는 사실을 알게 되었다. 방송되었던 구체적인 내용을 당시 알지 못했지만, 저자의 학문적인 열정과 깊이, 그리고 그의 글에 대한 전적인 신뢰로 이 책을 번역해야겠다고 마음먹었던 것

8. Michel Zink, "*Lais* et *Testament*:Villon et son consentement", in *L'Hostellerie de pensée. Études sur l'art littéraire au Moyen Age offertes à Daniel Poirion*, Paris: Presses de l'Université de Paris-Sorbonne, 1995, pp. 499-505.
9. Michel Zink, *Le Moyen Âge et ses chansons ou un passé en trompe-l'œil,* Paris: Éditions de Fallois, 1996.
10. Michel Zink, *Le Jongleur de Notre Dame. Contes chrétiens du Moyen Âge*, Paris: Le Seuil, 1999.
11. Michel Zink, *Les Troubadours. Une histoire poétique*, Paris; Perrin, 2013.
12. Michel Zink, *Nature et poésie au Moyen Âge*, Paris: Fayard, 2006.

을 고백할 필요도 있을 것 같다. 이 책의 번역은 이렇게 시작된 것이다.

라디오 방송 책임자였던 필리프 발(Philippe Val)의 요청에 의해 이루어진 2014년 여름 동안의 방송에서, 미셸 쟁크 교수는 매일 3분 30초라는 짧은 시간 동안 한 편의 이야기를 청중들에게 이야기해주었다. '현대의 트루바두르'라는 별칭에 걸맞게, 그는 12시 55분부터 시작되는 방송에서 여러 청취자들에게 먼 과거의 목소리를 자신의 목소리에 실어 들려주었다. 그의 이야기는 오후 한 시 새로운 뉴스를 기다리는 어떤 청취자들에게 문자 그대로 '새로운' 이야기인 뜻밖의 먼 과거의 울림들을 들려주었을 것이며, 또 어떤 이들에게는 그들의 유년시절과 사랑을, 학창시절과 지금의 모습을 되짚어보는 그런 특별한 순간을 제공했을지도 모른다. 이렇게 청취자들에게 들려주었던 마흔 편의 이야기는 이듬해 한 권의 책으로 묶여 독자들의 눈앞에 선을 보였다.

하지만 여름 동안 라디오 방송을 통해 들려준 이야기를 한 권의 책으로 묶어 독자들에게 전하는 방식이 미셸 쟁크 교수에 의해 처음으로 시도된 것은 아니다. 이러한 방식은 앙투안 콩파뇽(A. Compagnon)이 16세기 프랑스의 유명한 작가 가운데 한 명인 몽테뉴(Montaingne)의 작품을 소개한《몽테뉴와 함께 한 어느 여름》(*Un été avec Montaigne*)에서 처음 시작되었으며, 이후 보들레르(Baudelaire), 마키아벨리(Machiavel), 빅토르 위고(Victor Hugo), 호메로스(Homère) 등의 작가들이 동일한 방식으로 소개되었다. 다만 여기서 한 가지 짚어둘 필요가 있는 사실은, 대부분 한 명의 작가와 그의 작품 세계를 대상으로 소개가 이루어진 것에 비해, 중세를 대상으로 한 미셸 쟁크 교수의 경우만이 특정 작가나 작품이 아닌 다양한 중세 문학을 다루었다는 점이다. 다른 경우들과 차별화된 방식을 취할 수밖에 없었던 데에는 물론 그럴 만한 이유들이 있다. 저자가 서문에서 강조하듯, "중세 문학은 우리가 그들에 관해 별로 아는 것이 없는, 또 빈번한 경우 불확실하게 알고 있는 작가들의 작품"이며, 상당수의 작품들이 작자 미상의 것이거나 추정된 상태로 남아 있기 때문이다. 하지만 이렇듯 다른 경우들과 차별화된 방식에는 분명 장점 또한 있다. 그도 그럴 것이, 한 사람의 개별 작가에 대한 세밀한 소개, 한 작가의 작품에 대한 집중적인 검토와 분석을 택하는 대신, 중세 문학의 태동기에서 출발해 12-13세기 동안의 다양한 움직임들을 두루 살펴봄으로써, 그리고 중세의 문을 닫는 15세기 작가들에게까지 눈길을 던짐으로써, 독자들 저마다 중세 문학 전반을 조망하는 시각을 은연중에 확보하게 되기 때문이다.

〈성녀 욀랄리 연송〉(881년)을 시작으로 비용의 《유언의 노래》(1461년)에 이르는 노정에서, 독자들은 중세 프랑스 문학 작품들 가운데 가장 유명하고 가장 친숙한 것을 만나게 된다. 이미 중세 문학에 대해 관심을 가진 이들이나 전공자에게 도움이 되는 내용들을 이야기하면서도, 저자는 새로운 접근 방식을 통해, 또 무겁지 않으면서도 여운을 남기는 문체와 암시들을 통해, 독자들이 중세 문학 작품을 친근하게 받아들이게 한다. 이러한 저자의 노력은 중세의 노래들, 중세의 시들, 중세의 이야기들을 통해, "중세 문학을 이해하고 알게 되는 데서 오는 즐거움"을 주는 데 주안점이 있기 때문이며, "중세 문학이 자연스럽게 불러일으키는 즐거움"을 넘어서는 더 큰 생생한 즐거움을 선사하고자 하기 때문이다. 익숙한 눈길을 주는 동시에 미처 발견하지 못했던 혹은 보려고 하지 않았던 중세의 면모들을 제시함으로써, 저자는 독자의 관심을 즐거움으로, 나아가 새로운 관심의 추구와 보다 깊은 이해로 이끈다. 처음에는 "모든 것에 무지한", 순진한 인물이었고 "타인에게 관심을 기울이는 것이 불가능"했던 페르스발이 마침내 타인을 배려할 수 있게 되었건 것처럼, "열정의 무의식 상태"가 지나가고 많은 고통과 어려움을 마주한 뒤에야 비로소 "그들이 했던 약속의" 진정한 의미를 알 수 있었던 젊은 기사 에레크와 이뱅처럼, 낯선 중세 문학에 대한 관심과 이해는 이렇게 보다 큰 이해와 사랑, 그리고 타자에 대한 공감과 배려로 이어지게 된다.

타자에 대한 이해 그리고 나에 대한 새로운 인식은 저자가 끊임없이 기의 대부분의 장을 마무리하며 되풀이하는 마지막 말에서도 강조된다. 머나먼 과거의 감성들과 지금 여기를 사는 우리의 감성이 어떻게 연결되는지, 아득한 중세의 목소리가 어떤 방식으로 우리 안에서 반향되는지를 암시하는 "이때가 9세기였다" "이때가 11세기였다" "이때가 12세기였다" 등의 말은 물론 해당 방송분에서 이야기했던 것이 구체적으로 어느 때 일어났던 일이며 언제 작품이었는지를 명시하기 위한 것이다. 그러나 이러한 표명은 단지 과거의 역사적 사실로서 특정 세기를 거명하는 것을 넘어, 이 오래된 텍스트들, 아득히 먼 과거의 시들과 노래가 오늘날에도 얼마나 큰 울림을 전해주는지, 그리고 지금을 사는 우리들에게 어떻게 부지불식간에 반향되고 있는지를 강조하고자 하는 의도에서 이루어진 것으로 보인다. 이렇듯 짧은 마지막 표명들은 중세와 중세 문학을 "로마 제국의 몰락부터 르네상스까지 펼쳐진" "무지와 잔혹함으로 얼룩진 어둡고 난폭한 시대"로 보지 않기를, 또 일종의 환영(幻影)이나 그림자처럼 보지 말기를 청하는 저자의 기원이며, 새로 태어난 언어와 새로운 인식 속에서 고유의 독창성을 간직했던 중세의 시와 이야기들을 통해 중세와 현재 사이의 선조성을 보여주고자 하는 저자의 확신처럼 다가오기 때문이다.

"우리가 중세(le Moyen Âge)라 부르는 시기", 이 "장구(長久)한 시기" 곳곳을 살펴보는 여정에서, 미셸 쟁크 교수는 가장 오래된 텍스트들을 중심으로 프랑스 문학이 어떤 정황 속에서 어떻게 탄생했는지, 이렇게 태동된 프랑스 문학이 무훈시와 서정시 그리고 후일 소설의 전신이 될 이야기 등 세 가지 주된 장르를 통해 어떻게 개화했는지, 또 새로 만들어진 프랑스 문학이 어떤 변용 과정을 거치면서 변모하며 어떤 방식으로 문학과 관련된 논의들이 변화를 겪게 되는지, 중세 후기의 작가들과 그들의 작품이 어떻게 스스로의 독창성을 추구하며 르네상스를 조금씩 준비하는지 등을 십분 느끼게 해준다. 요컨대 저자가 보여주고자 했던 중세는 바로 '문학의 중세'이며, 달리 표현하자면 '사랑의 문명(文明)'이라고도 말할 수 있다. 저자가 우리에게 보내는 마흔 번의 초대장 가운데 서른 번 이상이 11-13세기에 이르는 시기, 달리 말한다면 '무구(武具)와 사랑의 중세'(Moyen Âge d'armes et d'amors)를 살았던 작가와 작품들에 대한 내용으로 구성되었다는 사실에서도 저자의 의도가 충분히 짐작된다.

"다듬어지지 않은 어느 시"의 목소리가 말하듯 "사랑하는 연인으로 인해 괴로워하는 어느 젊은 처녀의" 한탄을 담은 하르차, '여명의 노래'에서 들리는 연인과의 괴로운 이별과 이를 통해 드러나는 애틋한 사랑을 표출하는 여성의 목소리들, "위태로운 채 남아 있는" 여성들의 사랑과 운명을 노래하는 저 바느질 노래의 슬픈 후렴구들, 두 자매 사이의 혈연의 정과 사랑이 어떻게 부서지는지를 들려주는 오리우르의 한탄, 최초의 트루바두르였던 기욤 9세를 시작으로 아르노 다니엘, 베르나르 드 방타두르, 랭보 도랑주, 지로 드 보르네이 등이 노래했던 '사랑을 화신하는 시'와 정련된 순금을 닮은 '핀 아모르', 조프레 뤼델의 숭고하고 희생적인, "사랑하도록 그러나 사랑받지 못하도록" 던져진 운명이 만든 '먼 곳의 사랑', 아서 왕 세계라는 거대한 배경막 안에서 완성되는 이뱅과 로딘의 사랑에 의한 결혼, 에레크가 마침내 깨닫게 되는 에니드와의 진정한 부부 사이의 사랑, 크레티앵 드 트루아가 쓴《그랄 이야기》의 헌사에서부터 강조되는 저 사랑과 배려, 왕비 그니에브르에게 전적으로 헌신하는 "수레에 오른 기사" 랑슬로의 전적인 사랑과 헌신, 선상(船上)에서 마셨던 한 잔의 미약으로 인해 서로 떨어질 수 없는 운명적인 사랑의 포로가 되었고, 미약의 효과가 끝난 뒤 진정한 사랑을 시작하는 트리스탕과 이죄의 사랑, 호메로스가 이야기했던 두 벗을 연상시키는 랑슬로와 갈르오의 우정, 그랄을 통한 신의 사랑 그리고 신에 대한 사랑, "사랑의 모든 기법이 들어 있는" 기욤 드 로리스의 전반부와 "연인들의 거울"을 만들고자 했던 장 드 묑의 후반부가 함께 만든 사랑의 정화(精華)《장미 이야기》, 루이 9세와 주앵빌 사이에서 드러나는 무한한 존경과 사랑, '사랑을 경험하기 전에만 사랑을 충분히 알 수' 있음을 회상하는 시인 프루아사르 등 다양하면서도 여전히 오늘날의 우리에게까지 울림을 주는 사랑 이야기들이 하나씩 하나씩 언급되고 암시된다. 다양한 연인들의 모습과 갖가지 의미에서의 사랑의 세계는, 마치 변주되는 푸가처럼, 처음에는 평범한 감정의 하나였을 사랑이라는 감정이 어떻게 인간의 삶과 죽음보다 우위를 점하는 지고무상한 위치에 오르게 되었는지를 되짚어보게 하며, 그 안에서 여성의 목소리, 이상과 현실, 우정과 혈육의 정, 종교적인 사랑, 결혼, 죽음과 노쇠, 우수(憂愁)와 고통 역시 살펴보게 해준다.

비록 미셸 쟁크 교수의 책을 통해 직접 소개되지는 못했지만, 아름다운 많은 작품들, 여전히 우리에게 깊은 울림을 줄 수 있는 중세의 시와 이야기들이 여전히 기억의 공간 속에 머물고 있다. 마리 드 프랑스의 단시 〈요네크〉(Yonec)에서 불행한 여인의 한탄과 기원을 듣고 한 마리 새가 날아와 아름다운 기사로 변해 여인과 사랑을 나누듯, 무수한 작품들이 우리가 불러주기를 기다리며 잠들어 있다. 황제 샤를마뉴의 회군을 청하며 울려 퍼지는 롤랑의 뿔피리 소리처럼, 수많은 무훈시들이 그들을 청하는 소리를 듣고 우리에게 화답하기를 기다리고 있다. 일례로 오크어와 오일어의 중간 형태의 언어로 기술된 독특한 무훈시이자 '사랑', '고행', '화해'에 대해 다시 한 번 생각할 여지를 주는 12세기의 무훈시 《지라르 드 루시용》(*Girart de Roussillon*), 일면 성자전을 닮은 듯한 인상을 주면서 쌍둥이와도 같은 두 젊은 귀족 청년들의 우정과 희생을 감동적으로 기술한 《아미와 아밀》(*Ami et Amile*)이 있다.

수많은 트루바두르들의 사랑 노래들도 독자들이 눈길을 던지기를, 과거 그들이 노래했던 많은 즐거움과 고통들, 중첩된 괴로움과 환희를 우리가 느끼고 맛보기를 희구하고 있다. "어떤 것도 내가 욕망하는 것보다/더 얻기 힘든 것 없어라./어떤 것도 내가 가질 수 없는 것보다/더 나를 부럽게 하는 것 없구나"라고 노래했던 세르카몽(Cercamond)의 시가 우리 귓가에 맴돈다.[13] 자신의 부인과 시인이 사랑하는 사이라는 것을 안 어느 영주가 사냥에서 시인을 살해한 뒤, 그 심장을 요리해 아내에게 먹인 다음 그녀가 먹은 것이 무엇이었는지를 밝히자, 지금까지 자신이 먹은 음식 중 가장 감미로운 것이라 말한 뒤 창문 아래로 몸을 던진 여인의 일화를 전하는 트루바두르 기옘 드 카베스타니(Guilhem de Cabestany)의 〈전기〉(vida)가 우리의 눈길을 사로잡는다. 역사와는 다른 방식으로 지나간 과거를 재구성하고 사라진 과거의 감성들을 파악하게 해주는 여러 트루바두르들의 시가 '타자'(他者) 안에서 '나'를 경험하고 발견하기를 청한다. 고대(古代)를 제재로 삼은 이야기들,《브뤼트 이야기》(*Roman de Brut*),《테바이 이야기》(*Roman de Thèbes*),《아이네이아스 이야기》(*Roman d'Enéas*) 등의 작품들은 어떻게 오늘날 문학 장르의 중심이 된 소설이 태동되었는지, 또 그 과정에서 '번역'과 '번안' 혹은 '다시쓰기'가 어떤 역할을 수행했는지를 알려주는 계기의 순간이 도래하기를 기다리고 있다.

또한 장 르나르(Jean Renart)의《장미 이야기 혹은 기욤 드 돌 이야기》(*Le Roman de la Rose ou de Guillaume de Dole*)나《오카생과

니콜레트》(*Aucassin et Nicolette*)와 같은 작품들 역시 그 속에 담긴 매혹의 힘을 지금의 우리가 느끼기를 바라고 있다. 문학적인 제재 면에서 위기의식을 느꼈던 13-14세기, '이미 모든 것이 이야기되었으며, 이야기되지 않은 것은 어느 것도 없다'는 슬픔 속에서 작가들이 어떻게 새로운 방향을 찾아내는지, 그리고 어떻게 새롭게 서정시를 쓰는지를 증거하는 시인들인 크리스틴 드 피장(Christine de Pizan), 기욤 드 마쇼(Guillaume de Machaut), 외스타슈 데샹(Eustache Deschamps)이 있다. 삶과 문학을 동일시하던, 사랑에 하나의 양식을 부여하고자 했던 '사랑의 궁정'이 추구하고자 한 종래의 가치를 부정하고 사랑하는 것뿐만 아니라 사랑받는 것 역시 거부한, 전통적인 '눈을 통해 들어온 사랑의 신의 화살이 마음에 촉을 남기는 사랑'을 부정하고 '눈은 그저 보기 위해 만들어진 것일 뿐'이라 반박하는 알랭 샤르티에(Alain Chartier)의 《무정한 미녀》(*La Belle dame sans mercy*) 같은 작품도 있다. 요컨대 우리 앞에는 무수히 많은 보석들이 원형 그대로 놓여 있다.

13. "Ni res tan grèu no's convertís/Com fai çò qu'ieu vau deziran;/Ni tal enveja no'm fai res/Cum fai çò qu'ieu non pòse aver"(*Anthologie des troubadours*, éd. Pierre Bec, Paris: Union Générale d'Éditions, 1979, p. 98).

여기서 우리가 옮긴 책의 제목(題目)과 관련된 이야기를 덧붙이는 것이 좋을 것 같다. 원제인 'Bienvenue au Moyen Âge'는 문자 그대로 '중세에 온 것을 환영한다'라는 의미이며, 그 자체로 반가움을 표시하는 인사이자 환대(歡待)의 증표가 된다. 그러나 이렇듯 간단한 표명을 원래의 의미 그대로 살려 우리말로 옮기는 것은 생각처럼 쉬운 일이 아니었다. 가장 먼저 생각한 제목은 '중세로의 초대'였으나, 이미 중세 문화를 소개한 다른 독일어 번역본에서 사용된 표현이었기에 다시 쓰는 것이 망설여졌다. '여기부터 중세' '중세로 성큼 다가가기' 등의 다소 가벼운 제목에서 '중세로 가는 문' '중세가 들려주는 매혹의 사랑 노래' '시의 중세, 기억의 소생' 등의 조금은 평범한 제목이 번역자가 생각해낼 수 있었던 거의 전부였다.

원서의 표지는 독일 낭만주의 화가였던 카스파르 다비트 프리드리히(Caspar David Friedrich)의 작품인 〈떡갈나무 숲속의 수도원〉(Abtei im Eichwald)에서 직접적인 영향을 받은 것처럼 보인다. 그러나 또 한편으로는 〈몽상가〉(Der Träumer)의 어렴풋한 흔적들도 여기서 찾아볼 수 있을 것 같다. 지극히 개인적인 인상이기에 실제로 화가가 염두에 두었을 주안점과는 거리가 먼 착시이자 오해일 수도 있지만, 〈몽상가〉에서 화

〈몽상가〉
카스파르 다비트 프리드리히

가는, 석양 무렵 폐허가 된 어느 건축물의 창문, 알 수 없는 세계로 들어가는 통로로 생각될 수 있는 한 거대한 문을 닮은 창문 옆, 기둥에 등을 대고 앉은 검은 옷을 입은 한 인물을 재현한 것처럼 보인다. 그는 창문 너머로 보이는 기이한 빛의 세계, 알지 못하는 세계의 원초적인 빛처럼 여겨지는 공간을 물끄러미 바라보고 있는 것처럼 보인다. 그가 바라보던 정경이 지금은 사라진 한 세계, 원시성을 간직한 낯선 과거, 중세였던 것일까? 물론 이는 번역자의 인상일 뿐이며, 프리드리히의 그림은 이에 대해 아무것도 구체적으로 말해주지 않는다.

한편 원서의 삽화가는 프리드리히의 그림에서 볼 수 있었던 창문을 더욱 문에 가까운 모습으로 재현하고자 했던 것처럼 보인다. 원서의 표지는 일면 어느 교회 혹은 묘지의 출입문, 이제는 폐허가 되어 외벽이 모두 없어지고, 오직 철문의 뼈대만 남은 모습을 그린 듯한 인상을 준다. 그런데 이 허물어진 문 위의 하늘, 문 저 편의 공간에는 수많은 작은 별들이 찬연히 빛을 발하고 있다. 어두컴컴한 문 앞과는 대조적으로 폐허에 남겨진 신비한 문 저 너머의 반짝이는 작은 별들은, 순간 낯선 모험의 세계로 들어가는 출입구인 어두컴컴한 옷장문을 연상시킨다. 옷장 문을 열고 들어가면 새로

〈떡갈나무 숲속의 수도원〉
카스파르 다비트 프리드리히

운 세계와 경이로운 일들이 우리를 기다리고 있는 것처럼, 저자 스스로 '중세에 온 것을 환영한다'라고 반기는 것처럼 말이다.

부언(附言) 혹은 췌언(贅言)이지만, 중세를 로마 제국의 몰락에서 소생과 빛의 세기인 르네상스 사이에 위치한, 다시 말해 고대의 찬란한 광채와 르네상스라는 여명의 시기 사이에 놓인 암흑기로 간주하는 통념은, 무수히 많은 이들에 의해 반박되었음에도 불구하고, 여전히 유지되는 기본 입장처럼 보일 때가 많다. 물론 정치와 제도 차원에서, 종교와 경제 차원에서, 중세가 가진 부정적이고 어두운 면모를 부정하기는 힘들다. 그러나 중세가 시, 예술, 그리고 사랑 속에 남긴 많은 흔적들, 빛바랜 프레스코화에 남아 있는 부분들 그리고 지워진 부분들에 투사되었던 저 모든 아름다움과 생동감, 열정과 새로운 인식은 이러한 통념에서 과감히 벗어날 수 있는 계기의 순간을 마련해준다. 이상적이고 낭만적인 기대일지도 모르지만, 이러한 점들을 고려하여 번역서의 제목을 결국 '중세, 사랑과 매혹의 노래'로 정하게 되었다.

미셸 쟁크 교수의 책은 비록 부분적인 인용이기는 하지만 중세 작품들을 원어 그대로 직접 인용한다는 점에서 '일차 텍스트'(littérature primaire)의 성격을 조금은 갖는다. 또 동시에 중세 작품을 소개하고 작품과 관련된 맥락을 독자들에게 이해시키려는 글이라는 점에서 당연히 '이차 텍스트'(littérature secondaire)의 성격도 갖는다. 물론 여기서 말하는 '이차 텍스트'는 부정적인 의미에서의 '부차적인 텍스트'를 뜻하는 것이 아니다. 이차 텍스트는 일차 텍스트가 투사된 그림자와 같으며, 대상 없이는 존재할 수 없는 그림자처럼, 일차 텍스트가 사라지면 이차 텍스트 역시 사라질 수밖에 없다. 하지만 이 그림자를 닮은 이차 텍스트는 원래의 대상인 일차 텍스트를 확장시킬 수도 있으며, 빛의 강도에 따라 다양한 모습으로 변용시키기도 한다. 또 그림자는 실체가 존재한다는 것을 알리는 지표가 되기도 한다.[14] 끊임없이 중세의 시와 이야기들을 읽을 것을 청하는 이 책은 이런 점에서 훌륭한 이차 텍스트가 아닐 수 없으며, 이 책의 독서는 그 자체로 완결되는 것이 아니라 다음의 독서들로 향하는 무한한 순환의 시작일 뿐이다. 미하엘 엔데(Michael Ende)의 유명한 동화인 《끝없는 이야기》(*Die unendliche Geschichte*)에서처럼, 이제 이 책을 덮는 순간 일어나는 새로운 모험들이 우리 앞에 있다. 여러분이 중세를 다시 찾기를, 아직 중세가 들려주지 않은 더 많은 이야기들을 듣기를 바란다. '시와 노래의 중세'에 다시 온 것을 함께 기뻐하면서, 그때 이렇게 말할 수 있기를 바란다. "중세에 다시 온 것을 환영한다!"

마지막으로 많은 분들께 감사드릴 일이 남아 있다. 먼저 수업과 윤독 모임에서 이 책을 함께 읽고 공부했던 여러 학생

14. *L'Œuvre et son ombre. Que peut la littérature secondaire?*, sous la direction de Michel Zink, Paris: Éditions de Fallois, 2002, p. 11.

들에게 고마움을 전한다. 또 번역 과정에서 많은 조언과 도움을 주신 여러 선생님들께, 특히 김시몽 선생님께 감사드린다. 아름다운 책을 만들어주신 고려대학교출판문화원과 편집부 선생님들께도 감사드린다. 그리고 내게 처음으로 중세 문학을 알려주셨던 강성욱 선생님, 중세와 현대를 함께 생각할 수 있는 가르침을 주셨던 황현산 선생님, 그리고 늘 중세 문학을 공부해나가는 데 지침(指針)이 되어주셨던 미셸 쟁크 선생님, 세 분 선생님께 다시 한 번 깊이 감사드린다. 마지막으로 "항상 내 몸과 마음의 안식처로 삼을 수 있는" 부모님과 늘 힘을 주는 딸 혜원에게 특별한 마음을 전한다.

2018년 5월

김준현

중세, 사랑과 매혹의 노래

초판 발행 2018년 5월 30일
초판 2쇄 2022년 8월 25일

지은이 미셸 쟁크
옮긴이 김준현

펴낸곳 고려대학교출판문화원
www.kupress.com
kupress@korea.ac.kr
(02841) 서울특별시 성북구 안암로 145
Tel 02-3290-4230, 4232
Fax 02-923-6311
찍은곳 네오프린텍(주)

ISBN 978-89-7641-957-6 93860

값 16,000원